LΛgical

Expression

逻辑表达

高效沟通的金字塔思维

张 巍◎著

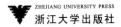

ZHEJIANG UNIVERSITY PRESS

浙江大学出版社

序言　运用逻辑思维，成就高效沟通

在过去 10 年的培训咨询业务中，我经常听到一些企业员工提出关于沟通表达的困惑：

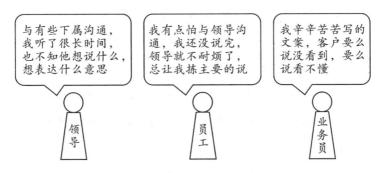

职场中关于沟通表达的困惑

以上这些都是我们在职场中经常遇到的情形。其实类似的问题，在我之前任职亚洲培训经理的跨国公司里也常常耳闻目睹。人们在工作中对于大量信息的呈现表达，无论是以书面还是口头的方式，无论对于信息表达的一方还是信息接收的一方，都认为是件头疼的事情。

此时你可能会问：在面对大量的信息时，要如何呈现和表达，才能提高信息表达的效果和效率呢？这就需要通过逻辑结构的设计来实现。

让我们先来看一个例子：假设我们要向朋友推荐 9 种健康食物，应该如何推荐？

大家最先想到的可能是逐个介绍每种食物，比如：

> 今天我为大家推荐一些健康的食物，希望有助于改善大家的饮食结构。先推荐葡萄，因为葡萄富含维生素 C，食用后既可以提高免疫力，又可以缓解疲劳。接下来大家可以多吃土豆，因为土豆含有淀粉，吃了可以增加力气。大家也可以选择奶酪和酸奶，它们富含益生菌，有助于消化。大家还可以选择吃些萝卜，俗话说："冬天萝卜赛人参。"另外建议大家每天吃一个苹果或橘子，因为它们富含维生素 C，可以缓解疲劳并且提高免疫力。当然，牛奶和黄油也是非常好的补钙食物。

像上面的这一段表达，朋友们听完之后能记住几种食物？过了 30 分钟后，还能记住多少？3 天后，还能记住什么？估计 3 天后，大家可能只记住一两种印象比较深刻的食物，甚至 1

逐一介绍 9 种健康食物

种都记不住。因为这一段的表达只是在简单地罗列信息,没有什么逻辑结构贯穿在表达的信息中。

让我们来换一种含有逻辑结构的表达方式:

接下来,我为大家推荐 9 种健康食物,希望能改善各位的饮食结构。我会分别从餐前、餐中和餐后为大家介绍。

餐前,建议大家多吃水果,因为水果富含维生素 C,可以帮助我们缓解疲劳,提高免疫力。我将按个头从小到大为大家推荐:小的水果可以选择葡萄;稍大一点的可以选择橘子;再大一点的可以选择苹果。

餐中,建议大家多吃蔬菜。我按形状来为大家推荐:圆的可以选择土豆,土豆含有淀粉,吃了可以让大家增加力气;长的可以选择萝卜,萝卜能消食化积、通气清热,俗话说:"冬天萝卜赛人参。"

餐后，推荐大家多服用一些奶制品补钙，因为餐后饮用有利于人体钙的吸收。市场上供应的奶制品一般分为液体和固体两类。液体的奶制品，大家可以选择牛奶和酸奶；固体的奶制品，大家可以选择黄油和奶酪。

如果大家在餐前多吃水果，餐中多吃蔬菜，餐后多吃奶制品，我相信大家一定会养成健康的饮食习惯。

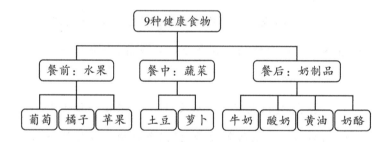

以逻辑结构呈现 9 种健康食物

如果换成上面这段有逻辑结构的表达，朋友们听完之后能记住几种食物？过了 30 分钟后，还能记住多少？3 天后，还能记住什么？我相信大家应该能记住 80%～90% 的信息吧。

为什么相同的内容在设计了逻辑结构后再呈现，会让人记住更多的信息呢？

这就要追溯到人脑的结构，下面我们就去探探其中的奥秘。

据巴西神经学家苏扎娜·赫尔库拉诺·霍泽尔的研究，人类拥有的神经元细胞大约是 860 亿个。如果把它们排成一条直线，长度将达到 1000 千米。这些神经元之间是由神经纤维连接着的，从而汇集成错综复杂的网状结构，居于脑干的中央。

错综复杂的神经元网络

当我们表达的信息没有逻辑时，信息就会被随机地存储在各个神经元细胞中。这种随机的存储方式会导致我们在回忆和表达信息时感到困难。

就像我们回到家后，把外套、衬衣、领带、皮带、裤子、袜子、鞋子等随意地乱扔，等我们要去找的时候，就会感到非常困难，有些东西已经不记得放在了哪里。

实际上，分组与归类是大脑处理信息时的自然特点。大脑喜欢把相似的信息归类整理在一起，方便存储，也方便提取。

这就像我们回家后，把鞋子放在一起、裤子放在一起、衣服放在一起，这样的归类整理既方便我们存储衣物，又方便我们将来取用。

当我们所表达的信息有逻辑结构时，信息接收者在接收到逻辑时会感觉到一些兴奋。这种兴奋的感觉，就是生物电信号在神经纤维上传输的感觉。通过这些因逻辑而产生的生物电信号，神经元细胞在神经纤维上被连接在一起。信息就会按照逻辑顺序，依次地存储在神经元细胞上。

比如上文介绍健康食物，当我说"会分别从餐前、餐中和餐后为大家介绍"时，逻辑就会让大脑产生生物电信号，并在大脑中申请三个神经元细胞以存储这些信息。而当我说"按个头从小到大为大家推荐"水果时，逻辑又会让大脑产生生物电信号连接出三个神经元细胞，以备之后按从小到大的顺序来存储这些信息。

　　此外，对比之前没有逻辑的表达方式，讲完 9 种食物后，听众可能会觉得信息不完整，会疑惑是不是在健康食物的推荐中还有遗漏。而当我设计出"餐前、餐中和餐后"的逻辑结构后再去表达，听众则会感觉关于健康食物的推荐是完整的。可见，准确恰当的逻辑结构，不仅可以帮助人脑去记忆信息，而且可以提高表达的说服力和影响力。

　　总之，通过逻辑结构的设计，可以提升以下方面的沟通效果：

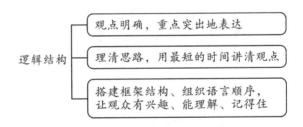

运用逻辑结构，提升表达效果

　　实际上，受众无论是在阅读书面资料（如邮件、报告、文章等），还是在聆听演讲或是接听电话，都是在获取信息，都是在面对一项复杂的任务。受众必须理解每一句话，寻找语句之间的联系，关联前后内容，并反复思考。

　　因此，我们在表达信息时，就要通过逻辑结构的呈现，使接收信息这项复杂的任务尽可能地简化，让受众有兴趣、能理解、记得住。

　　而逻辑结构的设计，通常需要运用金字塔原理。比如，当我们要表达大量信息时，可以按照人脑结构的自然特征，对沟通内容进行归类和概括，形成金字塔结构，表达的顺序可以从金字塔顶部开始，逐层逐步向下展开。这样不仅符合人类思维的普遍规律，而且会让受众更加容易理解与跟随。

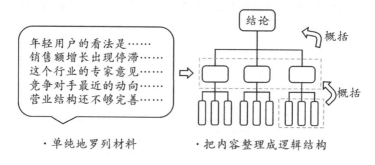

将多项信息整理成金字塔结构

　　"工欲善其事，必先利其器"，这本书将与大家分享活学活用金字塔原理的方法，通过金字塔原理这一"器"的运用，设计逻辑结构，从而使大家实现精准表达、高效表达。

　　本书会依次分享：

　　第一章"为什么要掌握金字塔原理"，即分享 WHY（学习金字塔原理的理由和好处）；

第二章"揭开金字塔结构的面纱"，即说明 WHAT（介绍金字塔结构的相关知识）；

第三章"灵活构建金字塔结构"，即教授 HOW（如何构建标准的金字塔结构）；

第四章"拓展逻辑设计"，即属于 EXPANSION（如何设计更复杂、更高级的逻辑结构）；

第五章"精彩呈现逻辑结构"，即讨论 SHOW（让大家得心应手地运用逻辑结构，进行口头表达和书面呈现）。

相信读者通过本书的学习，在掌握了逻辑结构的设计和呈现方法后，就会从单纯地罗列材料（低效率的表达），转变为通过逻辑结构使材料之间的关联性和重要度一目了然（高效率的表达）。掌握高效率的逻辑表达，定会让你收获富有成效的人生。

目录

I

第一章

WHY

为什么要掌握金字塔原理

大家好！我是专为逻辑表达而设计的智能机器人"脑门"，下面将由我带领大家一起进入逻辑表达的世界。

在序言中我们提到，实现逻辑表达的重要方法就是掌握金字塔原理。

金字塔原理是一种思考方法和沟通方法，包括归类概括、逻辑设计、结构构建等方面的方法或技巧，可以广泛地应用在思考分析、口头表达和书面表达之中。

利用金字塔原理构建出来的逻辑结构，我们称之为金字塔结构，它的特点是重点突出、层次分明、逻辑清晰、简单易懂。

为了激发大家学习金字塔原理的兴趣，让我们来看看金字塔结构有哪些优势，具体可以应用在哪些场景中。

　　在正式进入本章内容之前，让我们先来浏览一下本章的内容导图，大致把握一下内容脉络吧。

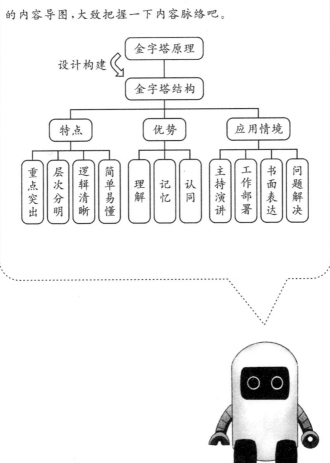

01 赋能表达的三大优势

在金字塔结构中,各层级的重要性一般由上而下逐层递减,顶层的中心思想最为重要,一级思想次之,二级思想再次之,三级思想的重要性则更低,以此类推。

因此,运用金字塔结构,可以帮助我们形成重点突出、层次分明的表达。

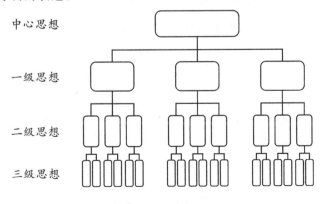

金字塔结构模型

同时在金字塔结构中,上一层级的观点或内容,必须是下一层级的观点或内容的概括;同一层级的观点或内容必须在逻辑上属于同一范畴,且必须符合某一逻辑顺序。

因此,运用金字塔结构,有助于我们在表达中形成清晰的逻辑,让观点和内容简单易懂。

在日常的口语表达和书面表达中,使用金字塔结构可以提高沟通的效果和效率。对于受众而言,金字塔结构赋予表达三大优势。

一、易于受众理解

金字塔结构可以使表达者的观点更加明确。尤其当表达者按照受众的思维习惯或是容易理解的逻辑顺序来进行表达时,受众一方面会更加容易理解、跟随表达者所讲的内容,另

金字塔结构易于受众理解

一方面也会更加准确和快速地掌握内容，从而与表达者产生共鸣，达成共识。

二、易于受众记忆

科学家发现人类大脑无法在短时间内，快速记住 7 项以上的要点。因此，如果所要表达的要点超过 7 项，甚至超过 5 项，就应该利用金字塔原理，对要点进行分组整理，归类概括后形成金字塔结构。因为金字塔结构更容易让受众抓到重点，方便记忆。

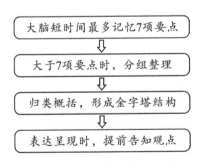

金字塔结构易于受众记忆

三、易被受众认同

对于表达者来说，有一个关键目标就是提升自己的说服

力，让受众认同自己的观点，进而扩大思想观点的影响力。要
达成这一目标，优秀的思想、精彩的修辞和易于与受众达成共
识的逻辑结构是三个必不可少的要素。其中，逻辑结构的设
计是最容易提升的技能，可以迅速提升沟通表达的说服力，易
于被受众接受。

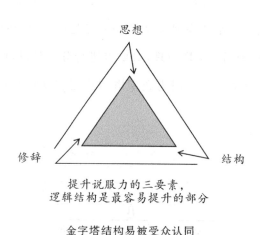

提升说服力的三要素，
逻辑结构是最容易提升的部分

金字塔结构易被受众认同

既然金字塔结构可以为沟通表达带来这么多的优势，那
么让我们到下一节中去看看它可以应用在哪些工作情境
中吧！

02 活学活用的四种应用情境

既然运用金字塔结构可以为沟通表达带来三大优势,让沟通表达的内容更易于被受众所理解、所记忆、所认同,我们就可以运用它来组织自己所要表达的思想。从宏观角度来说,运用金字塔结构可以对思考、表达、写作、分析问题以及呈现解决方案等工作有所帮助。

金字塔结构的应用情境具体可分为四个方面:

❑ 会议主持、演讲汇报

❑ 工作指导、工作分配

❑ 书面表达、邮件联络

❑ 问题分析、解决方法

下面,我们将具体介绍一下金字塔结构在这些工作情境中的应用。

■ 情境一:会议主持、演讲汇报

在会议主持中,通常主持人在开场时间内,要介绍会议的议题、议程、参会人员以及注意事项等诸多要素。如何让听众在短时间内记住这些要素,提高会议的运行效率呢?这就需要主持人利用金字塔结构,将开场时需要介绍的内容进行系统的梳理。

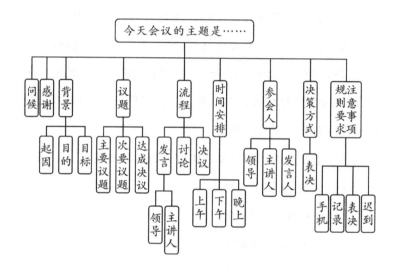

应用于会议主持的金字塔结构

　　主持人只要按照这一逻辑结构,利用各项要素之间的关联,合理安排各项内容的介绍顺序,就可以吸引听众的注意力,提高信息的传达效果。但需要注意的是在不同情境下,主持人不能照搬金字塔结构逐一介绍,而是要根据会议的实际时间灵活取舍,突出重点。

一般情况下,半天会议的开场时间要控制在 15 分钟左右;1 小时会议的开场时间要控制在 5 分钟以内,不宜超过 10 分钟。

如果开场时间相对充裕,会议主持人可以从一级内容展开到二级内容,甚至是三级内容。比如,可以展开议题,介绍一下各个主要议题和各个次要议题的具体内容和逻辑关联;再如,可以展开介绍参会人员的角色,比如介绍出席的领导、本次会议的主讲人等。但如果开场时间相对紧张,就不必展开二、三级内容。

演讲汇报的情境与会议主持相似,演讲者需要在规定的时间内讲完幻灯片的各个模块,并呈现出中心思想或论点。演讲者可以将分享内容梳理成金字塔结构。

在演讲汇报时,演讲者可以根据分享时间的长短决定是否在某一模块下展开,是否在该模块下的某些幻灯片上展开。当然,选择展开的演讲重点需与受众的知识层次和关注点、演讲目的等相匹配。

如果演讲者有 30 分钟的汇报时间,在时间比较充裕的情况下,可以逐个分享模块 1、模块 2、模块 3,并且讲到每个模块下的所有幻灯片。

但如果演讲者只有 15 分钟的汇报时间,在时间比较紧

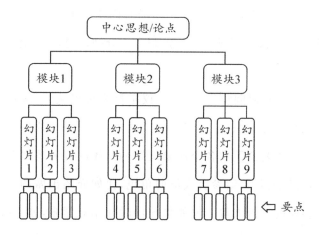

应用于演讲汇报的金字塔结构

张的情况下，可以选择重点分享模块 1 和模块 2，简单带过模块 3；或是模块 3 下面只讲幻灯片 7，而不讲幻灯片 8 和 9。

如果汇报时间被压缩到 10 分钟，演讲者可以选择模块 1 来重点展开讲述，而模块 2 和模块 3 只是简单带过；或者只讲述模块 2、模块 3 下面的部分幻灯片。采取这样的决策后，幻灯片呈现的顺序就可能是 1、2、3、4、7。

因此，无论在会议主持还是演讲汇报中，运用金字塔结构可以帮我们理清表达思路，并根据时间进行灵活调整，从而做到重点突出、随机应变、收放自如。

■ 情境二:工作指导、工作分配

在工作指导和分配中,许多管理者喜欢按照时间顺序向员工指派工作。

比如我在某企业咨询调研时,就收集到了下面这个例子。

有位管理者向下属分配工作时,是这样说的:

小王,我跟你说一下接下来你的工作安排。第 1 周,你要参加新产品知识的培训,并参加与生产部门的周例会。第 2 周,除参加生产部门的周例会,还要参加质量部门的双周例会,同时必须完成产品需求的分析工作。第 3 周,你要推动产品的功能开发工作,力争在第 6 周结束,当然不要忘了与生产部门的周例会。第 4 周,我给你申请了一个沟通技巧的培训机会,机会难得,请务必出席。我们和采购部的月例会也是在第 4 周。第 5 周……

如果像这样每一周都包含着不同类别的工作,面对这样的工作安排,我担心员工小王听到一半已经有点晕头转向了,可能很难记住所有的细节。

因此，管理者就需要利用金字塔结构，按照工作的类别来对员工进行工作指导和分配。比如，管理者可以这样对员工说：

在接下来的几周里，我会带你完成 A、B、C 三方面的工作。

A 方面的工作会这样展开……

B 方面的工作会这样展开……

C 方面的工作会这样展开……

大家会发现，经过分组归类后再进行表达，无论是在逻辑上还是在听觉上，都会让对方感到比较清晰。

按照上图的逻辑结构，这位管理者可以这样来布置工作：

小王，在接下来的时间里，我会带你完成技能培训、产品设计和跨部门合作三方面的工作。

为了更好地帮助你完成产品设计和跨部门合作两方面的工作，在技能培训方面，第 1 周我想安排你参加新产品知识的培训；第 4 周公司有个沟通技巧培训，我为你申请了一个培训机会，机会难得，请务必出席。

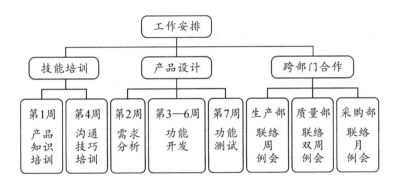

应用于工作指导与分配的金字塔结构

在产品设计方面,我们计划在第 2 周完成需求分析,第 3—6 周完成功能开发,第 7 周完成功能测试。

最后是跨部门合作,与生产部是周例会,与质量部是双周例会,与采购部是月例会。跨部门合作对我们新产品项目的成功推动是至关重要的,所以请你在会议前好好准备,横向联络时注意把学到的沟通技巧加以应用,从而达成高质量的合作。

可见,如果管理者将金字塔结构运用到工作分配与工作指导中,可以与员工达成良好的沟通效果,可谓事半功倍。

■ 情境三：书面表达、邮件联络

在书面表达中，可以把金字塔结构每一级的关键词，用视觉优化的方式呈现（如放大字号、加粗、变色或者画线等），从而将受众的注意力聚焦在他们所感兴趣的关键词上。

比如，某位员工要向上级提交一份调查报告，可以先归类相似内容，然后按照逻辑排序，最后对金字塔结构每一级的关键词进行视觉优化处理，这样就可以层级清晰、重点突出地呈现报告。

视觉优化的方式不仅可以应用在上述的文档报告中，对于商务邮件或是汇报项目的幻灯片，也可以如法炮制。

■ 情境四：问题分析、解决方法

在分析问题、寻找解决方法时，依旧可以利用金字塔结构来帮助我们找出问题的症结所在，从而针对根源性起因对症下药，做出相应的决策和应对方案。

当需要突出说明采取某种方案的原因时，即侧重于说明 why，可以参考"问题→原因→解决方法"的逻辑结构进行表述。

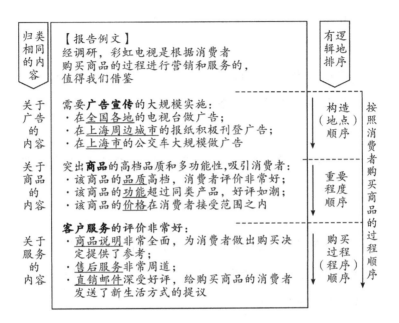

应用于书面呈现的金字塔结构

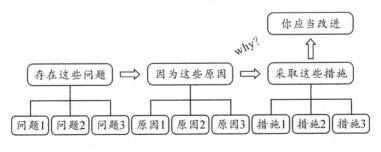

说明原因的金字塔结构

具体的表述步骤为：

首先，列出目前所面临的问题（问题 1、问题 2、问题 3……）；

其次，分析造成每一个问题的原因（原因 1、原因 2、原因 3……）；

之后，针对原因列出建议采取的措施（措施 1、措施 2、措施 3……）。

我曾在汽车行业咨询时遇到这样一个案例，某款新车型的开发项目遇到了瓶颈期。为了突出造成瓶颈期的原因，可以按照如下的方式进行陈述：

目前我们的新车型开发项目发生了延误，主要存在两个问题，一是换挡卡滞，二是造型更改次数过多。

造成这些问题的原因，一是拉锁结构不可靠，二是开发评审委员会评委有所调整，导致评审标准前后不一致。

在此有两个建议：一是更换拉锁供应商，确保换挡顺畅；二是在开发评审委员会里设置后备评委，并且阶段性地关闭评审条目，以降低评委调整对于造型评估的影响。

上面这种陈述可以清晰地引导受众进入"问题→原因→解决方法"这一逻辑过程中,更容易理解造成问题的原因,同时也更容易接受应采取的措施。

当侧重于推荐解决方法时,即侧重解释 how 时,可以换一种逻辑结构来进行表达。

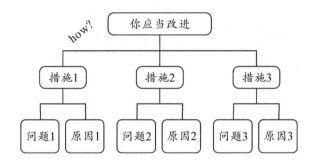

呈现解决方法的金字塔结构

对应的话术是:

让我们看一下我们为什么要采取以下三个措施:

因为我们的工作存在着问题 1……,它是原因 1……造成的,所以建议采取措施 1……

我们的工作也存在着问题 2……,它是原因 2……造成的,所以建议采取措施 2……

最后，我们的工作还存在着问题 3……，它是原因 3……造成的，所以建议采取措施 3……

通过对下一级内容问题和原因的展开，继而阐明上一级解决措施的合理性。

当我们侧重于呈现解决方案时，即侧重于 how，那么上文汽车行业的案例就可以采取如下的结构进行表述：

目前新车型开发项目发生了延误，我们对此提出两条建议。一是更换拉锁供应商，因为出现了换挡卡滞的问题，而造成这一问题的原因是拉锁结构不可靠。二是在开发评审委员会里设置后备评委，并且阶段性地关闭评审条目。在这次项目中造型发生了多次更改，起因是开发评审委员会中的评委人员有调整，从而造成了评审标准前后不一致。

上面这种陈述可以有力地向受众解释每一个解决方法的合理性。

综上，无论是在口头表达，还是书面表达，金字塔结构都存在广泛的应用情境。金字塔结构不仅能帮助我们轻松地应对会议主持、演讲汇报、工作指导、工作分配、书面表达、邮件联络等日常工作情境,在面对复杂的问题分析和呈现解决方法时也有章可循。

金字塔结构不仅能为表达带来优势,而且能广泛应用于各类职场场景中,足见金字塔结构的魔力。那么金字塔结构有何奥秘,有哪些亮点和价值,我们又该如何设计和构建它呢?我们将在后面的内容中为大家揭晓。

职场案例：小试牛刀之协调例会时间

　　山姆大学毕业后，即将入职一家世界 500 强企业，他内心对于职场既充满了期待，又有着莫名的紧张。山姆一方面想在职场中大展拳脚，勇敢追求自己的梦想，另一方面急于摆脱职场"菜鸟"的状态，但对未来感到十分迷茫。

　　山姆把自己的紧张和迷茫告诉了奶奶芭芭拉。芭芭拉奶奶说："不要担心，宝贝，我会送你一个礼物，它会陪伴你去新的城市工作和生活。"

　　在山姆离开家前往大城市上班的前一天晚上，芭芭拉奶奶拿出了一个只有拳头大小且模样呆萌的智能机器人，对山姆说："山姆，这是奶奶送给你的一个智能机器人，他叫脑门。

你以后在职场中有什么困惑,都可以问问这个智能机器人,脑门会给你一些建议的。"

喜出望外的山姆叫道:"太棒了,这个萌萌的机器人看起来好像普通的卷笔刀啊。把它带在身边就可以随时帮助我,太酷了!谢谢亲爱的奶奶!"话音刚落,山姆便捧起奶奶的脸颊亲了好几口。

山姆把脑门小心翼翼地收进拉杆箱,踏上了新生活的旅途。有了智能机器人脑门的陪伴,山姆没有了离开家乡的孤独与寂寞,也不再感到迷茫和彷徨,而是看到了职场中新的机遇与挑战。尽管职场生活充满了未知,但这种未知所蕴藏的无限可能,让山姆有点跃跃欲试了。

在经历了一系列紧锣密鼓的入职培训后,山姆很快就被安排跟着七仔前辈一起工作。七仔姓戚,是一位气质和颜值俱佳的大美女,进公司十多年了,为人热情随和,人缘非常好,大家都亲切地称呼她"七仔"。

转眼一晃,山姆已经到公司3个多月了。周一上午,七仔前辈交给山姆一个例会协调工作,希望培养山姆沟通协调的能力。

例会协调工作具体的情况是:因为与重要的与会者王经理、唐经理和张经理的日程安排有冲突,原定今天下午(周一)

3点的例会无法按计划召开,需要在本周内再协调出一个时间,并询问部门领导静姐是否可以参加。

通过几方协调,山姆掌握了如下情况:

1.北京的王经理来电话说,他今天外出,下午3点钟赶不回公司,所以不能参加例会。如果例会改期,下半周时间比较方便。

2.上海的张经理说他不介意今天的例会延期,明天开也可以,但明天上午11点以前不行。

3.广州的唐经理的秘书说,唐经理明天较晚时间才能从法兰克福赶回来。

4.符合例会要求的视频会议室下半周的周三和周五已经有人预订了,但周四还没有人预订。

5.部门领导静姐的日程表上本周三和周四上午显示为空。

面对有些错综复杂的信息,山姆不禁陷入了思索:"我应该如何与各位与会者协调例会时间呢?"山姆想起了芭芭拉奶奶送给自己的智能机器人,"对了,奶奶不是说以后在职场中有什么困惑,都可以问问这个智能机器人,看看脑门会给我一些什么建议。"

山姆立即行动起来,找了一个没人使用的小会议室,悄悄地拿出拳头大小的脑门,开始向这个萌萌的智能机器人请教起来:"脑门,我能向你请教一个问题吗?"

当脑门开始思考的时候,黑眼圈上的白色眼眶灯和黑轮子上的蓝色轮毂灯就会闪烁起来,机器人问道:"什么问题?说吧,山姆。"

山姆描述了一遍例会协调工作的来龙去脉和相关细节,然后问脑门:"我应该怎么去协调沟通呢?"

"如果现在让你沟通,你会怎么与部门领导静姐沟通?"脑门反问道。

山姆略加思考后,便演练起来:"静姐,今天的例会可能要换一个本周内的时间了。北京的王经理来电话说他今天外出,下午3点钟赶不回公司,所以不能参加会议。上海的张经理说他不介意今天的例会延期,明天开也可以,但明天上午11点以前不行。广州的唐经理的秘书说,唐经理明天较晚时间才能从法兰克福赶回来。符合例会要求的视频会议室下半周的周三和周五已经都有人预订了，但周四还没有人预订。会议时间定在周四上午似乎比较合适。您看可以吗？"

智能机器人脑门的白色眼眶灯突然高频率地闪烁了几下，脑门发出几声"嘿嘿"的笑声："山姆，你觉得你讲了那么多信息后，你的沟通对象能听懂多少，又能记住多少？"

"陈述是不是有点啰嗦啊？"山姆有些犹豫，"我自己讲起来也很累，感觉不舒服。脑门，你有什么建议给我吗？怎么表达更清晰简练呢？"

"先论据后论点的表达逻辑是可以的，只是主体内容的陈述过于繁冗。从论证性看，会议改期需要两个论据的支持——会议人员和会议地点，我们可以将会议人员和会议地点的信息归类分组。考虑到在领导面前过多提及其他领导可能显不出对该领导的尊重，所以其他参会领导的情况可以概括后简单陈述。论据陈述的顺序可以先陈述重要的论据——会议人员，再陈述次要的论据——会议地点。山姆你先想想，再陈述一次试试。"

经过脑门的点拨，山姆的思路开始逐渐清晰起来：

- 北京的王经理下半周时间比较方便。
- 上海的张经理本周二上午 11 点之前时间不行。

- 广州的唐经理本周二较晚时间才能从法兰克福赶回来。

- 静姐的日程表上本周三和周四上午显示为空。

在与会人员方面,经过上述分析,可以概括出各位与会人员本周比较方便的时间是周三和周四上午。

再来看会议地点的情况:

- 符合例会要求的视频会议室下半周的周三和周五已经都有人预订了。

- 视频会议室星期四还没有人预订。

- 在与会地点方面,视频会议室周四有空,那么例会时间只能定在星期四上午。

山姆在理清思路后,就按照脑门的建议(即归类论据后概括提炼,然后做简单陈述)开始了试讲:

"静姐,原定于今天召开的例会可能需要换一个时间。因为各位会议人员比较方便的时间是周三和周四上午,会议室周四有空。例会时间只能定在星期四上午,您看可以吗?"

智能机器人脑门的两个轮子打起转来,像是给山姆鼓掌似的,蓝色轮毂灯也闪烁着。"这次的表达清晰多了,更容易让你的沟通对象理解和记忆。"脑门一边夸着山姆,一边又提出了自己的意见,"如果对领导更尊重些,你觉得最后一句怎么讲更好呢?"

"嗯……"山姆思索了起来。

脑门看着山姆思索的样子,说出了自己的建议:"我看了您的时间,如果例会时间定在星期四上午,您的时间比较方便。静姐,您看定上午几点比较好?"

"对!对!对!让领导决定周四上午例会时间,这样更礼貌!"山姆开心地笑了起来。这时,他对眼前这个萌萌的大脑门里的智慧越来越信任了。

"静姐就在这个办公室,最好当面告知更有礼貌些,其他几个领导可以以电话或邮件的形式沟通一下。"脑门补充道。

"收到。谢谢你,大脑门!"山姆眼神里流露出更多的自信。

与静姐的沟通很顺利,静姐当场就给出了周四上午 10 点的时间建议。随后的跨部门联络也得心应手,山姆成功地与其他与会者协调好新的例会时间。在告知七仔前辈协调结果时,山姆还得到了前辈的认可。

山姆觉得职场上的沟通表达是自己急需提升的职业技能:"以后有空就得多请教请教这个聪明的脑门。今天真开心,有些小小的成就感了!怎么奖励一下自己呢?嗯,带上脑门去看场电影吧。"

第二章

WHAT

揭开金字塔结构的面纱

　　在第一章中，我们了解了金字塔结构赋予表达的三大优势以及可以广泛应用的四种职场情境。本章我们会从金字塔结构的四项基本原则、纵向关系、横向关系和MECE原则这四个方面，为大家介绍一下金字塔结构的特征和要素，揭开金字塔结构的神秘面纱。

让我们先来看一下本章的内容导图：

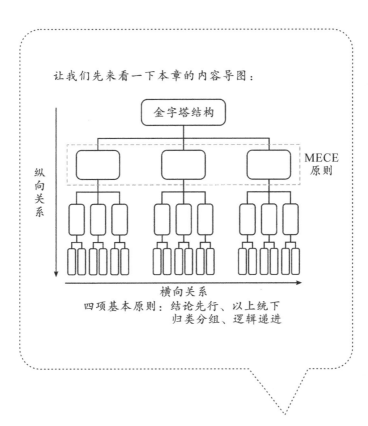

03 四项基本原则:构建逻辑清晰的表达

金字塔结构有四项基本原则,即:结论先行、以上统下、归类分组、逻辑递进。

下面我们将逐一详细介绍每一项原则。

■ 原则一:结论先行

结论先行,即先从结论说起,把中心思想或关键论点放在口头或书面表达的开头,从而突出呈现。

结论先行这一原则是有其适用范围的。如果沟通对象对于我们所汇报的内容比较熟悉,且我们所要沟通的话题对于对方也是不突兀的,就可以结论先行。例如,医生让患者去化验,患者化验回来后可以直接交代化验结果,因为医生对于患者所化验的内容是非常熟悉的。

但如果沟通对象对于我们所汇报的内容比较陌生,就不能直接抛出结论,而是要主题先行。例如,患者第一次去看病时,通常会和医生先说明哪里不舒服,接着再描述具体的症状,而不是一见到医生就说怀疑自己得了某种病。因为见面时医生还不知道患者具体的病症信息,作为患者直接抛出结论,会让医生无所适从。其实这个例子也暗示出:在职场上,如果领导对于下属所汇报的内容比较陌生,而下属在汇报时先抛出结论或观点,会让领导觉得自己的权威受到了挑战。

因此,我们在汇报之前,要先根据沟通对象对于内容的熟悉程度,来确定是结论先行还是主题先行,继而遵循一定的逻辑顺序来组织语言,这样才能取得良好的沟通效果。

在一般的口头表达或书面表达中,如果采取结论先行的方式,建议遵循如下的逻辑顺序来进行表达:

☐ 先重要后次要

☐ 先全局后细节

☐ 先结论后原因

☐ 先总结后具体

☐ 先结果后过程

☐ 先论点后论据

在职场中,下属经常要向上级汇报工作,但如果员工不懂得利用结论先行的原则,事先没有对所要表达的内容进行逻辑上的梳理,很容易做出一场糟糕的汇报,甚至让上级怀疑其工作能力。

下图就是一个糟糕的典型案例:

> 老板,我最近在留意原材料的价格,发现很多都涨价了;
> 刚才物流公司打电话来说提价,我还比较了其他家的价格,但还没办法说服它不涨价;
> 还有,竞争品牌××最近也涨价了;
> 对了,广告费最近花销也比较快,如果……可能……

糟糕的汇报案例

如果遵循结论先行的原则,这个汇报可以是这样表达的:

> 老板，我认为我们的产品应该涨价20%。我按影响的大小，从大到小跟您汇报一下。
>
> 第一，原材料最近涨了30%，物流成本也上涨了；
>
> 第二，竞争品牌××调涨了20%左右；
>
> 第三，广告费开支变大，我们需要增加利润以持续在广告方面的投入。
>
> 老板，您觉得这个建议是否可行？

遵循结论先行的汇报案例

受众在接收信息时，大脑会自动搜寻并匹配出能够把多项信息联系起来的共同点或逻辑结构。如果在汇报工作前，我们可以提前把这个共同点或逻辑结构找出来，直接呈现给受众，那么他们就不需要把注意力和时间浪费在搜寻和匹配上，从而能更加专注于理解和记忆我们所要表达的信息内容。

■ 原则二：以上统下

以上统下，即运用金字塔原理进行表达时，上一层级的内容必须是下一层级内容的抽象概括。以上统下，实际上是金字塔结构中纵向关系的具体体现。

　　可以利用下图来具体理解这一原则。核心观点必须能概括下一层级的要点 A、B 和 C,而要点 A 必须能概括下一层级的 A1、A2 和 A3,要点 B 和要点 C 同理。

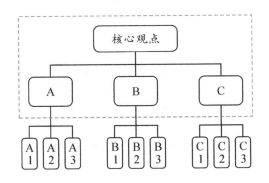

金字塔结构中以上统下的原则

　　因此,在进行内容观点的总结与概括时,可以遵循由下而上的顺序,将较为具体的下一层思想概括为更为抽象的上一层思想。同时,归入同一组的内容必须同属一个范畴,且和上一层的内容是包含关系。比如,葡萄、橘子、苹果和萝卜不能全部归入水果一组,而需要概括成果蔬。

　　以上统下的原则在职场的书面表达中尤为重要。如下图所示,各个句子概括成段落的主题,各个段落概括成章节的主题,各个章节最终概括成全文的中心思想。遵循以上统下的

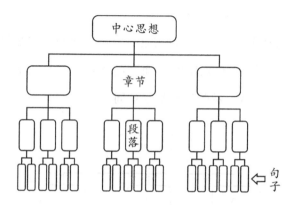

书面表达中以上统下的原则

原则,我们可以轻松获得一篇逻辑清晰、层级分明、重点突出的书面文章。

■ 原则三：归类分组

归类分组,即利用分类的方法处理素材,每一组的思想观点必须在逻辑上属于同一范畴,且在逻辑上具有共同点,能够用单一名词概括该组的所有思想。

比如,我们可以把葡萄、橘子、苹果归类分组为水果；把牛奶、酸奶、黄油、奶酪归类分组为奶制品；把土豆和萝卜归类分组为蔬菜。最后,再把水果、奶制品、蔬菜归类概括为食品。

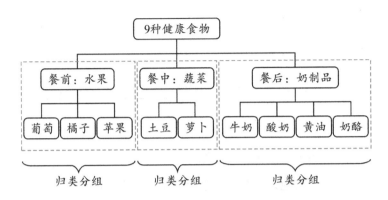

按照从属关系,分类 9 种健康食物

事物的分类方式从来不是唯一的,使用不同的逻辑,同样的素材就可以拥有多种不同的分类方式。比如,上文的食物也可以按照食品的价格进行分类,分为价格便宜、中等、稍贵三类:

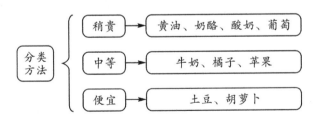

按照食品价格,分类 9 种健康食物

再如,这 9 种食物也可以按照个人是否喜欢来分类,分为爱吃的和不爱吃的。

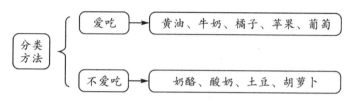

按照个人喜好，分类 9 种健康食物

我们再来看一个具体的案例。

假如一名地理老师要向学生介绍中国十大园林。

首先，可以按照朝代的先后顺序来分类，从西夏的古莲花池到清光绪年间的绮园。

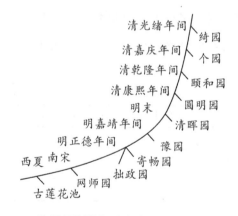

按照朝代顺序，介绍中国十大园林

其次，还可以按照从北往南的地理位置来分类，从最北边的北京颐和园到最南边的广东省佛山市清晖园。

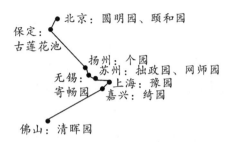

按照地理位置,介绍中国十大园林

此外,也可以按照占地面积从大到小来分类。

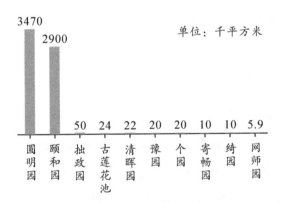

按照占地面积,介绍中国十大园林

或者按皇家园林和私家园林的不同属性来分类。

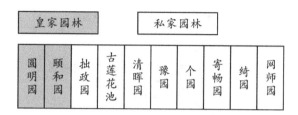

按照不同属性,介绍中国十大园林

虽然针对不同的应用场合有着不同的分类方式,但是好的分类都有一个共同的特点——遵循一定的逻辑,而且这个逻辑要符合大众的共识。

■ 原则四:逻辑递进

逻辑递进,即每组中的内容思想必须按照一定的逻辑顺序来组织。逻辑递进关系一般分为归纳关系和演绎关系两类,对应金字塔结构中的横向关系。你所选择的逻辑顺序,其实也展现了你在组织思想时的分析过程。

比如,在下图的金字塔结构中,第一层级的三个要点——A、B 和 C,三者的排列顺序必须遵循一定的逻辑。第二层级的三个组,也需要分别设计各组的逻辑顺序。

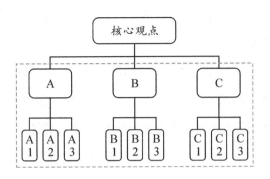

同层级的要点排列,需遵循一定的逻辑顺序

让我们来回忆一下序言中提及的推荐 9 种健康食物。我们设计了餐前、餐中和餐后的逻辑顺序来串联第一层级上的要点。第二层级的三组也设计了各组的逻辑顺序:水果组是从小到大的顺序,蔬菜组是按形状分为圆的和长的,奶制品组是按液体和固体的逻辑顺序。

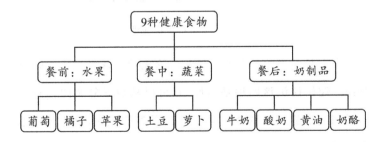

9 种健康食物的逻辑递进

　　再来看一个年度工作汇报的例子。如下图所示,第一层级可以按事和人的逻辑,分为工作业绩和个人成长两个模块来汇报。第二层级中的工作业绩模块,既可以按上半年和下半年(即时间顺序)的工作成果来汇报,也可以按财务、客户、流程与运营,即以战略地图的业务分类来汇报。第二层级中的个人成长模块,则可以分专业技能、软技能以及来年的发展规划来汇报。

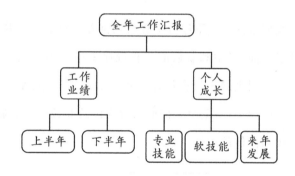

年度工作汇报的逻辑递进

　　在设计金字塔结构时,遵循结论先行、以上统下、归类分组、逻辑递进这四项基本原则,可以从纷繁复杂的信息中概括归纳出要点或关键词,再按一定的逻辑顺序,就能构建出重点明确、层级分明、逻辑清晰的表达。

04 纵向关系：巧用设问引导受众

在上一节中,我们介绍了金字塔结构的四项基本原则。在接下来的两个小节里,我们要学习金字塔结构中的两种典型关系——纵向关系和横向关系。理解纵向关系和横向关系对于我们在下一章中去设计和构建主体结构是非常重要的。

纵向关系是指主题(上层)和子题(下层)之间的关系。具体而言,主题必须是子题的总结与概括,而子题必须为主题提供解释和支持。因此在纵向关系中,各层级的重要性是由上而下逐渐递减的,即最上层的中心思想最为重要,下一层级的思想次之,再下一级的思想再次之,以此类推。

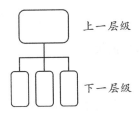

纵向关系的基本结构

在实际应用中,运用纵向关系建立疑问/回答式的对话,能够很好地吸引受众的注意力,从而引导受众按照你所设计的方向去思考,将受众的注意力从上一层级引导到下一层级。

具体而言,可以先设问"为什么",引起受众的短暂思考,如果有听众互动来回答"为什么"自然最好;如果没有人回答,自己也可以根据下一层级要点顺藤摸瓜,针对这个"为什么"进行自问自答。

上一节提到的年度工作汇报的案例,也可以设计疑问/回答式的纵向结构,来引导受众的注意力。

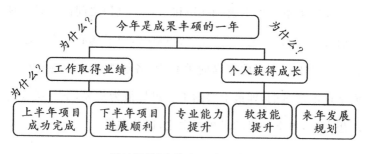

通过设问"为什么",引导受众

如上图,可以这样汇报:

总体而言,今年是成果丰硕的一年。

为什么成果丰硕呢? 因为今年不论是在工作业绩方面还

是个人成长方面,都取得了不错的结果和长足的进步。

为什么说今年工作业绩不错呢? 因为上半年的两个重大项目全部按时保质地完成了,而且得到了客户的好评;下半年的三个项目也进展顺利,没有超支,而且进度上略有提前。

为什么会说在个人成长方面有长足进步呢? 因为个人今年在专业能力和软技能方面都有所提升,而且对来年发展也做好了规划……

可见,通过设计建立疑问/回答式的纵向关系,无论对于表达者的表述,还是对于受众的引导和聆听,都是非常自然流畅的。

最后,我们小结一下本节的要点。在设计纵向关系时,要确保上一层级的思想观点必须是下一层级的思想观点的总结与概括,而下一层级的内容必须是上一层级的内容的解释和支持。我们可以通过使用设问"为什么"把受众的注意力从上一层级引导到下一层级。

因此,我们在进行逻辑表达时,要擅于利用金字塔结构中的纵向关系。在理清上下层级间的逻辑关系的基础上,运用设问"为什么",将受众带入表达者的逻辑中,引导其注意力从上层转到下层,从而形成传播者与接收者之间的有效互动。

05 横向关系：活用演绎逻辑与归纳逻辑

横向关系是指同一层级上各项要点之间的关系，或者同一组内的各项要点之间的关系。无论在同一层级中，还是在同一组中，各项要点必须同属于一个范畴，且排列顺序必须符合一定的逻辑顺序。

横向关系的基本结构

横向关系一般分为演绎逻辑和归纳逻辑两类。在口头表达或书面表述中，同一组的内容必须具有明确的演绎关系或者归纳关系。但需要注意的是，通常情况下，同一层级的内容很难既具有演绎关系，又具有归纳关系。

下面我们就来具体介绍一下演绎逻辑和归纳逻辑。

■ 横向关系一：演绎逻辑

所谓演绎逻辑，即利用逻辑推理的方式来组织材料和观

点,也被称为**必然性推理**。常见的演绎逻辑有:

【大前提→小前提→结论】

【问题→原因→解决方法】

例如,上级鼓励下属在项目管理工作中迎难而上时,就可以运用【大前提→小前提→结论】这一演绎逻辑:

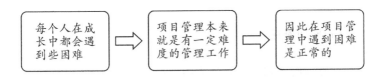

运用演绎逻辑设计表达顺序

再如,员工分析问题和业务工作时,可以运用【问题→原因→解决方法】这一演绎逻辑。在前文第一章第二小节的应用情境四中举过的汽车行业的咨询案例,运用的就是这种演绎逻辑。通过分析工作中存在的问题、找到造成这些问题的原因、给出对应的解决方法这三个步骤,我们可以高效地组织内容、表达观点。

演绎逻辑在表达呈现时,可以带着受众一起进入逻辑推理的过程,从而让受众和表达者一起得出结论并认可其必然性。

■ 横向关系二：归纳逻辑

所谓归纳逻辑，即通过时间顺序、空间（结构）顺序、重要性顺序来组织材料和观点。让我们分别来介绍以下三种逻辑顺序。

（1）时间顺序

常见的时间顺序主要分为两种：

一是按照绝对时间来设计逻辑顺序。

比如：上旬、中旬、下旬或者上午、中午、下午等。

二是根据相关业务流程，列出流程步骤中的关键点，继而梳理出逻辑顺序。

比如：餐前、餐中、餐后或者电话预约、客户访问、方案介绍等。

举个例子，如果按照销售中买卖双方的业务流程来设计逻辑顺序，就会形成如下的流程图：

卖方流程：

买方流程：

按照业务流程设计逻辑顺序

通常表达者利用时间顺序进行汇报时，如果汇报内容覆盖了整个时间轴或者所有的流程步骤，就会给受众留下一种所表述的内容比较完整的印象。

（2）空间顺序

常见的空间顺序可以分为两种：

一是按照现实的空间来进行设计的逻辑顺序。

比如：华北、华中和华南或者部门 A、部门 B 和部门 C。

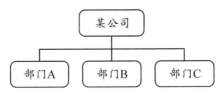

按照现实空间设计逻辑顺序

二是按照虚拟的空间或结构来设计的逻辑顺序。

比如：线上、线下或人员、机器、物料、方法、环境、测量等。

在分析问题的起因时，一般建议按照鱼骨图的 6M 结构，从人员（man power）、机器（machine）、物料（material）、方法（method）、环境（motherland）、测量（measurement）等六个方面寻找起因。

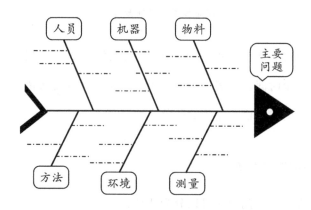

按照虚拟空间设计逻辑顺序

同时间顺序一样，利用空间顺序进行表达汇报，也会带给受众一种分析比较全面的感觉，从而增加所表达的观点的可信度和说服力。

(3)重要性顺序

重要性顺序,也称程度顺序,是按照不同程度的重要性来进行设计的逻辑顺序。

但需要注意的是,重要性顺序所针对的一组事物,必须具有某种共同点,且能被聚焦在一起。比如:两大问题、三项措施、四个方面、五大要素等。

重要性顺序一般按重要性从高到低排序,或者说把最具有该特性的事物排在第一位,即先强后弱、先重要后次要。

让我们通过一个案例,来具体理解重要性顺序。

比如,要分析 20 世纪中期美国纽约城市衰退、大公司纷纷外迁的原因。通过调查我们发现,造成这一现象的原因纷繁复杂,其中包括:

1.工资高于美国其他地区的普通工资标准;

2.能源、房租和土地成本高;

3.交通堵塞使运输成本增加;

4.缺少建立现代化工场的空间;

5.税率高;

6. 老工业城市导致就业机会减少；

7. 美国西南部和西部地区与之竞争经济中心的地位；

8. 美国经济和社会生活的重心向郊外转移。

通过分析归纳，我们发现原因 1、2、3、5 是与成本相关的，原因 4、6、8 和地域条件有关，原因 7 则指向美国的城市竞争关系。

因此，美国纽约城市衰退、大公司外迁的原因就可以整理为三项：成本高昂、地域条件恶劣、城市间存在竞争。那么我们应该按照什么顺序来呈现这些原因呢？

根据重要性顺序，"成本高昂"这个原因有四个论据支持，论据数量最多，所以我们可以认为它是拥有最有力论据的原因，因此可将它作为最重要的原因；"地域条件劣势"有三个论据支持，因此将它作为次要原因；而"城市间存在竞争"只有一个论据，所以将其放在最后，分类如下：

一、成本高昂（1、2、3、5）

二、地域条件恶劣（4、6、8）

三、城市间存在竞争（7）

在具体的口头表达或书面表达中,建议选择"成本高昂"这一最为重要的原因先呈现,上来的第一个原因就能有力地支撑起观点和主题,从而说服听众或读者。其次,围绕"地域条件恶劣"这一次要原因来展开呈现,在较有力的论据支撑下,进一步锁定听众或读者的认同感。最后,适当地分享"城市间存在竞争"这一原因,锦上添花。

可见,汇报者按照重要性顺序来分享内容与观点,可以利用最有力的论据来说服受众,减少被受众质疑和挑战的可能,从而避免在汇报表达的初期,汇报者就因论据较弱而被受众要求解释补充,甚至陷于与受众的缠斗中。

综上,横向关系中的演绎逻辑与归纳逻辑,为口头或是书面表达提供了四种可能的横向逻辑表达顺序:

演绎逻辑——演绎顺序
归纳逻辑——时间顺序、空间(结构)顺序、重要性顺序

其中,演绎逻辑可以引导受众一起进入逻辑推理的过程,而归纳逻辑会给受众一种分析比较完整和全面的感觉。精彩的横向关系设计能达到说服受众且减少被受众质疑和挑战的作用,可以在表达中多加运用。

06 MECE 原则：实现不重叠、无遗漏的分类

无论在口头表达还是书面表达中，在进行逻辑结构设计时，除了注意纵向关系和横向关系之外，还必须遵循 MECE 原则。

MECE 原则，全称 mutually exclusive collectively exhaustive，意思是"相互独立，完全穷尽"。这一原则应用到逻辑结构的设计中，就是将一个整体划分为若干部分时，实现不重叠、无遗漏的分类。

无论这一整体是客观存在的还是抽象概念的，都必须保证划分后的各部分符合以下要求：

各部分之间相互独立（mutually exclusive）

所有部分完全穷尽（collectively exhaustive）

"相互独立"意味着对于整体的划分是在同一维度上的（若划分时切换不同维度将会造成重叠或遗漏），并且有明确区分，不可重叠，即"分清"；

"完全穷尽"则意味着对于整体的分解是全面、周密、完整、无遗漏的,即"分净"。

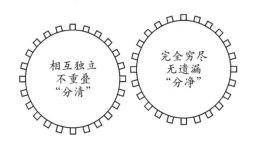

MECE 原则的两大基本概念

MECE 原则是逻辑结构设计的一条基本准则。在进行逻辑结构设计时,如果需要将一个整体细化分解,这时就需要运用符合 MECE 原则的分解法,又叫"MECE 分解"。

常见的符合 MECE 原则的分解法有以下五种切入点:

```
┌─────────────────────────────────────────────┐
│          MECE分解的切入点                      │
│                                               │
│  ① 按照A与非A进行分解                         │
│     √例1：国内与非国内（国外）                 │
│     √例2：大企业与非大企业（中小企业）         │
│                                               │
│  ② 按照公式进行分解                           │
│     √例：总销售额 = 员工数 × 每位员工的销售额  │
│                                               │
│  ③ 按照流程进行分解                           │
│     √例：销售流程：拜访→商谈→报价→签约         │
│                                               │
│  ④ 按照常用要素进行分解                       │
│     √例：3C分解法·4P营销要素分解法·           │
│        QCD运营要素分解法·5W2H分解法            │
│                                               │
│  ⑤ 与时俱进                                   │
│     √例：成果分析——交付物/资金/人才           │
│            知识技术/信息数据                   │
└─────────────────────────────────────────────┘
```

MECE 原则分解法的五种切入点

下面我们将对每一种 MECE 分解法进行详细的介绍。

■ MECE 分解法一：按照 A 与非 A 进行分解

例如：国内与非国内（国外）；大企业与非大企业（中小企业）。

来看一个具体的案例：在分析市场中的客户规模时，就可以按照 A 与非 A 来进行分解,做到不重叠、无遗漏,从而符合 MECE 原则。

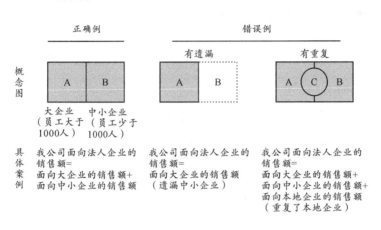

MECE 原则分解法的正确案例及常见错误

■ MECE 分解法二:按照公式进行分解

我们可以将已知的公式作为分解依据,从而分解出各项要素。

例如,当我们要做提升销售额的提案时,可以参考公式:总销售额=员工人均销售额×员工数。

具体的做法是将提升总销售额的工作分解为提高员工人均销售额、稳定销售团队并增加销售人员这三方面的工作。

无论是在视觉还是听觉上,按公式进行分解的方式都让受众感到分解的逻辑有说服力,且是不重叠和无遗漏的。

■ MECE 分解法三:按照流程进行分解

我们可以将已知的业务流程作为分解依据,继而进行各要素的分解。

例如,当我们要做改善销售流程的提案时,可以参考销售流程:拜访→商谈→报价→签约。

这样我们就可以将改善销售流程的工作分解成改善拜访、改善商谈、改善报价、改善签约等四方面的工作。

同按公式分解的方式一样,按流程分解的方式也会给受众带来所表述的信息是完整、全面的感觉。

■ MECE 分解法四:按照常用要素进行分解

常用要素有 3C、4P、QCD、5W2H,下面一一展开介绍。

(1)按 3C 要素分解

3C 即 customer(客户)、competitor(竞争对手)和 company(公司)三个维度,以此来进行骨架结构的分解。

3C 分解常用于市场监控分析或公司层面的战略决策。

比如,在某投资开发有限公司的项目投资论证会上,我们就会通过 3C 进行分解和分析。

Customer(客户)——对于一项新技术或新产品,目标客户的接受度和活跃度如何?

Competitor(竞争对手)——竞争对手的项目与所考察的项目相比,谁更有技术优势?

Company(公司)——该项目所属公司的团队能力和未来的产能如何?

(2)按 4P 要素分解

4P 即 product（产品）、price（价格）、place（渠道）、promotion(促销)四个要素,以此来进行逻辑结构的划分。4P 理论(The Marketing Theory of 4Ps)是产生于 20 世纪 60 年代的美国营销理论,常用于营销领域。

比如,某国内著名电子产品集团,就是利用 4P 要素进行营销战略的分解,从而构建起全方位的营销体系。具体如下:

在产品方面,公司针对各地域消费者的不同需求,有针对性地研制开发了多种、多规格的电子产品,以满足不同层次消

费者的需要,凭借其新技术、易用性、个性化的设计及多元化
的解决方案而广受用户欢迎。

在价格方面,公司更愿牺牲短期利益来占领长远的市场,
继而提升公司的美誉度和知名度,创立自己"低价高质"的
口碑。

在渠道方面,公司采取了三项措施:一是在香港设置研
发和市场销售团队,利用香港这一世界转口中心的区位优
势,及时把握国际潮流和最新动态,促进集团的国际化发
展;二是将生产基地设置在劳动力成本低的内陆地区,并建
立委托加工的合作关系,这不仅避免了大量的基建投资,也
能在订货量增大时保证供应;三是自建营销网络,在全国设
置 48 个销售公司,实行逐级控制,采取特许经营,并建立了
5 万多个品牌专卖店。

在促销方面,公司将品牌与自身的企业形象宣传、产品推
广、促销相结合,强调"科技进步对人类社会的积极影响",这
个品牌概念不仅带来了良好的经济效益,也产生了极好的社
会效益。

此外,近些年来,有些企业希望强调人的重要性,会在 4P
后再加一个 P,即 people(人),从而凑成 5P 结构。

(3)按 QCD 要素分解

QCD 是 quality（质量）、cost（成本）和 delivery（交付）三个要素，以此来作为分类的逻辑。QCD 分解法常用于企业运营方面的方案呈现，或者客户对于产品或供应商的评估选择。

当我们呈现业务方案时，可以通过分析方案的质量、方案的成本和方案实施后可以交付的结果，来帮助受众了解方案的性价比。

让我们再来看一个关于产品或供应商的评估选择的具体案例。

一位客户咨询销售员："我想在下周末购买电脑，但预算有限，请问买哪种型号比较好?"如果销售员想向客户推荐 A 型号的电脑，就可以按照 QCD 的逻辑展开，如下图：

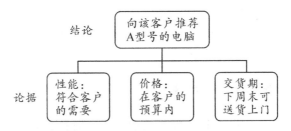

按照 QCD 要素进行 MECE 分解的案例 1

此外,客户还需要一台多功能打印机,如果销售员这时候只想到让客户购买,那就遗漏了客户可以通过租赁的方式获得多功能打印机这一选项。所以,此处金字塔结构的一级思想应该是购买或租赁,这样就符合 MECE 原则了,之后的二级思想可以再按照 QCD 的逻辑展开。

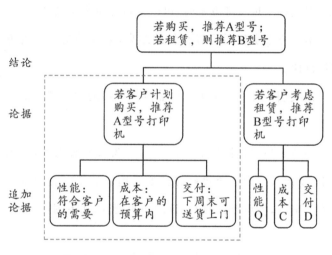

按照 QCD 要素进行 MECE 分解的案例 2

(4)按 5W2H 要素分解

5W2H 是指 5 个以 W 开头的英语单词和 2 个以 H 开头的英语单词。

5W,即 why(为什么)、what(做什么)、who(何人做)、

when(何时做)、where(何地做);2H,即 how(如何做)、how much/many(多少)。

7 个英文单词的意义叠加起来,就构成了 5W2H 的框架。

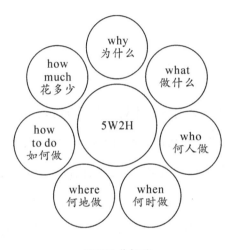

5W2H 分解法

5W2H 分解适用的场景非常多。比如,汇报工作计划时就可以采取如下的结构:

Why(为什么)——说明制订工作计划的理由;

What(做什么)——说明工作计划的范围;

Who(何人做)——说明各个工作模块的负责人;

When(何时做)——说明各个工作包的起始时间,在确定的情况下可以加结束时间;

Where（何地做）——说明各个工作模块的执行所在地；

How（如何做）——说明工作计划中的具体方法；

How much/many（多少）——说明工作计划的花费或需要哪些资源。

■ MECE 分解法五：与时俱进

在我们思考如何将整体划分为部分时，也要因时而异、与时俱进，引入当下时代的一些新元素。比如，人才、知识产权、信息数据的价值已经越来越受到人们的重视，因此在做收益分析或成果汇报时，可以将人才发展、知识产权、信息数据等元素适当地纳入分析报告中，从而呈现出更全面和完整的汇报。

比如，当我们做一个项目的成果分析时，如果只看项目交付了什么产品或者产生了多少利润其实是不完整的，或者说对项目的成果汇报本身也不利。而当我们加入了项目中的人才发展、知识产品和技术以及得到的信息数据等成果，不仅可以增加成果汇报的维度，而且有利于提升项目的整体形象，更会给受众带来更全面和完整的感知。

综上，MECE 原则最重要的是做到不重叠、无遗漏地分类。一个有重叠或有遗漏的结构是没有说服力的,受众会误解为你自己的观点还没成熟,就急于拿出来呈现了,也会对于个人的形象和公信力产生一定的影响。

熟练使用 MECE 原则需要大家"刻意"修炼,在不同的业务领域多去实践不同的 MECE 分解法。尤其要记得,在分完类之后,务必重新检查一遍逻辑结构是否有遗漏或重复。

在本章,我们介绍了金字塔结构的基本概念和特征、主要的逻辑关系和重要的原则。如果你已经迫不及待地想要学习如何来设计和构建金字塔结构,那么请跟随我们进入下一章吧!

第三章

HOW

灵活构建金字塔结构

在掌握了金字塔结构的四项基本原则、纵向关系、横向关系和 MECE 原则等相关概念之后，就可以运用这些概念，着手设计和构建金字塔结构了。

在本章中，我们将从标题设计、序言设计和主体构建三大步骤入手，逐步构建起一个标准的金字塔结构。

通过下面的内容导图,让我们先来了解一下构建金字塔结构的基本步骤吧。

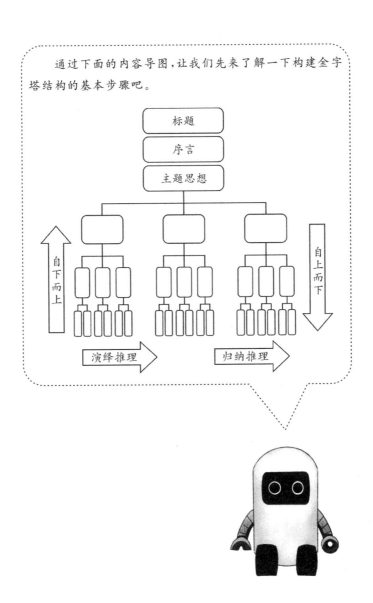

07 标题设计:以 4U/TOPS 原则塑造第一印象

俗话说:"题好文一半。"起一个精彩的标题,就相当于完成了一半的文章,足见标题的重要性。此外,我们也常用"凤头、猪肚、豹尾"来衡量一篇文章的优劣,其中"凤头"说的是,标题要像凤凰头上的羽毛一样光彩夺目,才能吸引读者。

同理,在金字塔结构中,精彩的标题也是尤为重要的,因为标题是金字塔结构中最先被受众看见的部分,会给受众直接留下第一印象。

构建标题最简单的方法,是提炼内容要点或思想精华后形成标题。在形成标题的过程中,需要注意两点:

一是标题中选用的词汇,尽量明确、简练、响亮、贴切、新颖;

二是标题中最好含有动词和数字,从而吸引受众的眼球。

如果我们平时留心一下报纸、网站或手机 APP 上的新闻标题,就会发现标题设计的一些共性。

想象一下:当人们每天打开邮箱看到几十封甚至上百封的未读邮件,是什么吸引或打动他们打开邮件阅读呢？我相信在这其中,好的标题功不可没,在以互联网信息平台为代表的今天尤是如此。可见,标题决定了受众的第一印象。

因此,在当今这个信息爆炸的时代,要想标题能第一时间抓住读者的眼球,就需要在设计标题时多花些心思。这里为大家介绍设计标题的两大原则:4U 原则和 TOPS 原则。只要把握住这两大原则,就不愁设计不出精彩的标题。

■ 标题设计的 4U 原则

标题设计的 4U 原则是指标题的实用性(usefulness)、独特性(uniqueness)、紧迫感(urgency)、口号式(use slogan)。在设计标题时,可以从以下四个原则入手。

(1)实用性 usefulness

所谓实用性,即受众通过标题,可以得知看完这篇文章后能获得什么。

比如，本段落的标题"标题设计的 4U 原则"，就可以直接告诉受众，看完此部分内容，可以了解并掌握标题设计的原则。

（2）独特性 uniqueness

所谓独特性，即通过标题告诉受众为什么要读这篇文章，文章有何独特之处。

比如，本段落的标题也可以设计为"标题都是有套路的——标题设计的 4U 原则"。因为标题存在"套路"，所以受众要去了解套路、识别套路，从而掌握套路，设计出吸引人的标题。此外，"套路"这一热门词汇的选用，也增强了标题的趣味性和独特性。

（3）紧迫感 urgency

所谓紧迫感，即通过标题告诉受众为什么现在就得去阅读这篇文章。塑造紧迫感与危机感，可以让受众做出立即阅读的决策。

比如，"如何拯救一个失败的标题设计？"这一标题就是利用"拯救""失败"这样具有紧迫感、危机感的词汇，促使受众立即阅读这篇文章。

(4)口号式 use slogan

把标题设计成口号式,可以唤起受众的责任心和使命感。

如"质量是企业的生命",就会起到唤醒受众使命感的作用。一般正装句的动宾结构会比倒装句更能体现出使命感,比如"质量是企业的生命"就会比"企业的生命是质量"更为有力,更能唤起受众的责任意识,也更令人印象深刻。

上述的 4U 原则,采取的是直接将利益呈现给受众的策略,从而增强标题的吸引力。如果仔细分析一下本书的书名,就会发现这一书名最大的特点就是突出了实用性和独特性。

■ 标题设计的 TOPS 原则

设计标题除了遵循 4U 原则之外,还可以参考 TOPS 原则。

在 TOPS 原则中:

T 代表 targeted to our audience,意为瞄准受众;

O 代表 overarching,意为周延完整;

P 代表 powerful,意为掷地有声;

S 代表 supportable,意为言之有据。

利用 TOPS 原则设计标题,具体的要求如下:

- 瞄准受众,即标题抓住受众的需求点、利益和关注点;

- 周延完整,即标题内容完整,结构清晰;

- 掷地有声,即标题有力度,能触动受众;

- 言之有据,即标题有依据,能说服受众。

总之,在设计标题时,可以将实用性、独特性、紧迫感、口号式这 4U 原则作为标尺,将 TOPS 原则作为参考标准,甚至可以在标题里直接呈现出受众利益。在此基础上,再考虑使用一些特别的热门词汇或润色技巧,给标题锦上添花。当受众看到这样的标题,第一眼就会留下深刻的好印象。

08 序言设计：以 SCQA 结构呈现精彩开场

如果说漂亮的标题可以让人一见钟情，那么精彩的序言或开场白则可以迅速提升受众对你所表达内容的好感。

在书面表达中，文章的序言（前言、引言、导言）能起到概述全文要点的作用。在口头表达中也是如此，演讲、汇报、主持的开场白都相当于文章的序言。

为了引起受众阅读或聆听的兴趣，序言不妨以讲故事的形式展开。一般情况下，故事要与主题紧密相关，可以按照 S（背景，situation）、C（冲突，complication）、Q（疑问，question）、A（回答，answer）的结构来组织内容。可以首先介绍大家熟悉的"背景"，然后说明在该"背景"下发生了哪些"冲突"，并由此进一步引发读者的"疑问"，最后针对这些"疑问"给出"回答"。

以上组织序言的方式，我们简称为"SCQA 结构"，其中：

S——背景，指与主题相关的一些公认的事实。如事件发生的时间、空间、人物等要素。

C——冲突，指某种不利的变化或者混乱，且这种变化或混乱能够促使受众产生疑问。在某种程度上，冲突是推动序

Situation

事件发生的时间、地点等要素，构成了背景

Complication

在这一背景下，产生了某种困难或复杂性

Question

这种复杂性会使读者脑海中产生一个疑问

Answer

你要对这个疑问给出解答，而这一解答就位于金字塔的顶点

SCQA 结构中的四大要素

言故事情节发展的重要因素。

Q——疑问，即根据之前的冲突和文章的核心论点设计疑问，通过明知故问的方式过渡到之后的答案。

A——回答，即给出之前问题的答案。可能有人会问：为什么要在序言中早早地给出答案？从心理学角度来看，先向受众传递答案，避免让他们在混乱的思考中摸索，可以使文章或者演讲报告更加简单易懂，使受众更容易接受表达者的思想。

我们来看一个具体的案例：一般在公司的年终总结会上，领导会肯定一年来公司的进步，也会指出不足，并提出解决对策。利用"背景—冲突—疑问—回答"的结构，就可以将公司的进步作为 S(背景)，不足之处作为 C(冲突)，针对不足之处

的改进方法可以对应为 Q(疑问)和 A(答案)。

例如：

去年我们公司的销售额再创历史新高。[S(背景)]

但是我们公司的利润和员工奖金却下降了。[C(冲突)]

如何在销量提升的情况下，提升公司利润？[Q(疑问)]

我们需要积极推动高端产品。[A(回答)]

这样设计的序言或是开场白，会把受众的注意力聚焦在公司存在的问题和对应的解决方案上，从而激发员工的共鸣和认同感，提升大家的干劲。

在序言设计的"SCQA 结构"中，四个要素——S(背景)、C(冲突)、Q(疑问)、A(回答)的顺序也可以有所变化或者有所取舍，以创造出不同的表达效果。

根据"SCQA 结构"，可以总结出五种常用的序言设计结构，具体有：

(1)基本结构：S(背景)→C(冲突)→Q(疑问)→A(回答)

参考示例：

S(随着中国社会的不断发展，人群结构的老龄化已经呈现明显的趋势。)

C(然而,记者在调查中发现,虽然老年人越来越多,但他们在购买服装时却存在着各种各样的困难,在商场中很难找到老年人专柜,老年人也没有自己的"名牌"。)

Q(如何满足老年人在服装购买方面的品牌需求呢?)

A(这一问题引起了一些商业嗅觉灵敏的商家的注意。)

(2)标准式:S(背景)→C(冲突)→A(回答)

参考示例:

S(随着中国社会的不断发展,人群结构的老龄化已经呈现明显的趋势。)

C(然而,记者在调查中发现,虽然老年人越来越多,但他们在服装购买时却存在着各种各样的困难,在商场中很难找到老年人专柜,老年人也没有自己的"名牌"。)

A(所以一些商业嗅觉灵敏的商家开始关注如何满足老年人购买服装时的品牌需求这一问题。)

(3)开门见山式:A(回答)→S(背景)→C(冲突)

参考示例:

A(一些商业嗅觉灵敏的商家开始关注老年人在服装购

买方面的品牌需求。)

S(因为随着中国社会的不断发展,人群结构的老龄化已经呈现明显的趋势。)

C(然而,记者在调查中发现,虽然老年人越来越多,但他们在购买服装时却存在着各种各样的困难,在商场中很难找到老年人专柜,老年人也没有自己的"名牌"。)

(4)突出忧虑式:C(冲突)→S(背景)→A(回答)

参考示例:

C(记者在调查中发现,虽然老年人越来越多,但他们在购买服装时却存在着各种各样的困难,在商场中很难找到老年人专柜,老年人也没有自己的"名牌"。)

S(这一情况令人吃惊,因为随着中国社会的不断发展,人群结构的老龄化已经呈现明显的趋势。)

A(我们不应该忽视这个问题,所以一些商业嗅觉灵敏的商家已经开始关注老年人在购买服装时的品牌需求。)

(5)突出信心式:Q(疑问)→S(背景)→C(冲突)→A(回答)

参考示例:

Q(如何满足老年人在服装购买方面的品牌需求呢?)

S(因为随着中国社会的不断发展,人群结构的老龄化已经呈现明显的趋势。)

C(记者在调查中发现,虽然老年人越来越多,但他们在购买服装时却存在着各种各样的困难,在商场中很难找到老年人专柜,老年人也没有自己的"名牌"。)

A(所以一些商业嗅觉灵敏的商家开始关注老年人在服装购买方面的品牌需求。)

可见,通过合理安排 S(背景)、C(冲突)、Q(疑问)、A(回答)的顺序,就会产生不同的表达效果。在设计序言或开场白之前,表达者需要首先明确自己想要达到的开篇或是开场效果,再按图索骥。

具体而言:

要想开宗明义,以结论吸引受众,就利用"开门见山式"的序言结构;

要想强化矛盾,以冲突引起受众注意,就利用"突出忧虑式"的序言结构;

要想突出解决方案,以答案使受众信服,就利用"突出信心式"的序言结构。

09 主体构建：两种方式搭建金字塔结构

通过标题和序言的设计，我们的口头表达或是书面表达已经成功地吸引了受众，但问题在于受众感兴趣的时间是非常短暂的，要想受众继续跟随你的表达，理解你所表达的内容，就需要对于表达的主体进行精心的构建。

通常情况下，主体的构建方式有两种：自下而上或自上而下。

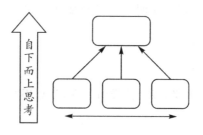

自下而上的主体构建

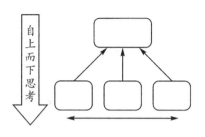

自上而下的主体构建

■ 方式一:自下而上的主体构建

在日常工作中,当我们面对大量信息且需要整理后再进行沟通汇报时,一般建议采取自下而上的主体构建方式。这种方式适用于在构建主体前并没有确定的观点或论点。具体的构建过程如下:

1.列出所有你想要表达的要点;

2.找出各要点之间的逻辑关系(归类分组+横向逻辑);

3.得出结论(概括)。

下图则提供了更为详细的方法步骤,可供参考:

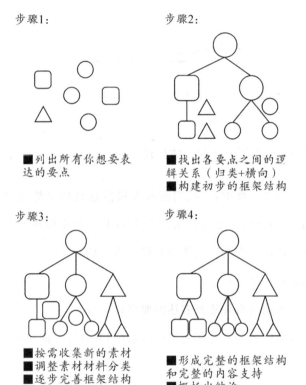

步骤1：

■列出所有你想要表
达的要点

步骤2：

■找出各要点之间的逻
辑关系（归类+横向）
■构建初步的框架结构

步骤3：

■按需收集新的素材
■调整素材材料分类
■逐步完善框架结构

步骤4：

■形成完整的框架结构
和完整的内容支持
■概括出结论

自下而上的主体构建过程

■ 方式二：自上而下的主体构建

当表达者有明确的论点，且需要展现说服力的时候，一般建议采取自上而下的主体构建方式。同时，这一方式也要求表达者对业务情况比较熟悉。

具体的构建过程如下：

1. 设计标题（确定主题/中心思想）；

2. 分析受众的需求和关注点；

3. 设计序言（列出背景 S、冲突 C、问题 Q 及答案 A）；

4. 确定要点（书面上的要点可加下划线或加粗）；

5. 组织支持上层观点的内容和材料；

6. 重复步骤 4、步骤 5；

7. 设计横向逻辑：演绎法或归纳法。

自上而下构建起主体，可以参考下图的步骤：

步骤1：

■快速列出中心思想

步骤2：

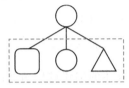

■分析受众的需求
和关注点
■设计序言
■确定要点

步骤3：

■获取、组织、分析支持
上层观点的内容和素材
■将内容和要素放在对应
的要点下

步骤4：

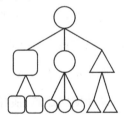

■设计逻辑
■完成金字塔

自上而下的主体构建过程

为了帮助大家熟练地掌握上述两种主体构建方式，并能运用到职场的实际场景中，我们将会在下文继续以山姆的故事举出两个职场案例，看看如何运用金字塔结构这一利器，让职场难题迎刃而解。

综上，主体构建的过程，无论是自下而上，还是自上而下，实质上都体现出了金字塔结构中纵向逻辑的设计；而处于同一层级或同一分组的各项要点、内容、材料，也要按照一定的逻辑顺序（横向逻辑顺序）来组织和排列。相较于体现上下层关系的纵向逻辑，横向逻辑的设计更难、更具挑战性，我们将在下一章里为横向逻辑的设计补充更多的方法。

职场案例：获得赏识之选择合作伙伴

最近公司正在商讨下一年度市场新产品的合作伙伴，并计划开拓该合作伙伴所在的市场。在七仔前辈的带领下，七仔和山姆与利益相关方进行了多次商讨，候补名单集中在了华北 A 公司、华中 B 公司、华南 C 公司这三家公司上。

有一天，七仔按计划出差去参加外地的展会，没去的山姆心想："七仔前辈今天出差，工作可以轻松一点了。"突然山姆的手机响了，一看是七仔打来的。

山姆赶紧接电话："七仔前辈，您好。您今天是出差吧？一切还顺利吧？"

"我现在在高铁上，信号不太好。山姆，有件事要麻烦你一下，今天下班前，请你向领导静姐汇报请示一下，关于最终选择哪家公司作为下一年度市场新产品的合作伙伴。"七仔接着说，"先试探一下静姐的喜好。这样我明天回来后在周例会上给领导做提案汇报时，好把握提案的方向。"

山姆回答道："好的，七仔前辈。"山姆答应是答应了，但对于究竟如何向领导静姐汇报，其实是毫无头绪的。而且关于七仔前辈提到的试探领导的喜好，以便把握提案方向这一任务，也似懂非懂。

该找什么时机向领导汇报请示呢？讲多久，怎么讲呢？山姆的脑海中浮现出了各种困惑。山姆想起了智能机器人脑门。山姆拿出脑门，在讲述完事情的缘由后向脑门求救："大脑门，快给我出出主意吧！"

每次脑门在思考的时候，黑眼圈上的白色眼眶灯和黑轮子上的蓝色轮毂灯都会闪烁几下。

脑门开始讲述自己的思路："平时领导工作繁忙，开会一般都要提前一两周预约。今天上午肯定来不及约领导去会议室汇报请示了，而且去会议室汇报请示会感觉太正式了。考虑到七仔前辈明天会在周例会上给领导做提案汇报，如果你今天就给领导做太正式的汇报，可能会被误解你是在抢七仔前辈的功劳。

"今天中午的午餐应该是个不错的机会。你在食堂吃午饭的时候，关注一下领导静姐的位置。静姐吃完了还餐盘的时候，你也马上跟上。还完餐盘，在走回办公室的路上，你有一两分钟的时间与静姐交流。这样的交流形式不是那么正式，比较适合这次汇报请示的意图。

"在一两分钟内要呈现出关于新商品的合作伙伴的分析汇总情况,需要你整理出所有的商讨内容,设计一个清晰简明的逻辑结构。

"**在有大量的信息需要整理时,逻辑结构的主体构建一般采取自下而上的方法**,分为三步:第一步先列出所有你想要表达的要点;第二步再找出各要点之间的逻辑关系;第三步通过概括得出结论。在构建过程中,主要运用的规则是归类和概括。归类就是将有共同特征的内容归纳分类,概括就是将低一层次的思想观点概括成上一层次的思想观点。让我们一起来设计吧。"

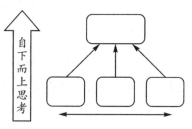

主要运用的规则:①归类②概括

自下而上主体构建的规则

"第一步，我们先列出目前商讨出来的所有内容。"脑门刚一说完，山姆就打开笔记本电脑，列出了如下要点：

1.运输（策划）成本：华北 A 公司比华中 B 公司低 5％，华南 C 公司比华中 B 公司高 10％。

2.政策风险：除华北外，其他两个都很低。

3.我公司产品价位偏高，华北和华中的富裕阶层人数相对较多，市场潜力较大。

4.华南和华北市场的产品价格竞争激烈，华中相对缓和。

5.生产（制作）成本：华北 A 公司比华中 B 公司高 10％，华中 B 公司和华南 C 公司大致相当。

6.技术（IP）流失风险：除华北外，其他两个都很低。

7.成本方面，主要考虑生产（制作）和运输（策划）成本。华中 B 公司的这两项金额大致相当。

"第二步，根据各要点之间的逻辑关系进行归类分组。山姆，你看看上面列出的哪些要点可以归类为一组呢?"脑门闪烁着白色眼眶灯，继续启发着山姆。山姆便认真地将要点做了如下分类：

【商讨内容】：
①运输成本（A）：华北A公司比华中B公司低5%，
　　　　　　　　 华南C公司比华中B公司高10%
②政策风险（B）：除华北外，其他两个都很低
③我公司产品价位偏高，华北和华中的富裕阶层人数
　相对较多，市场潜力较大（C）
④华南和华北市场的产品价格竞争激烈，华中相对较
　为缓和（C）
⑤生产成本（A）：华北A公司比华中B公司高10%，
　　　　　　　　 华中B公司和华南C公司大致相当
⑥专有技术流失风险（B）：除华北公司之外，
　　　　　　　　　　　　　 其他两家公司都很低
⑦成本方面，主要考虑生产和运输成本（A），华中B
　公司的这两项金额大致相当

分类A "成本"
①/⑤/⑦

分类B "风险"
②/⑥

分类C "市场"
③/④

将各要点进行分组归类

"做得很好，山姆。那你再来试试第三步，在归类后用简洁语句进行概括并得出结论。"山姆在脑门的不断启发下，在电脑上画出了如下的逻辑结构：

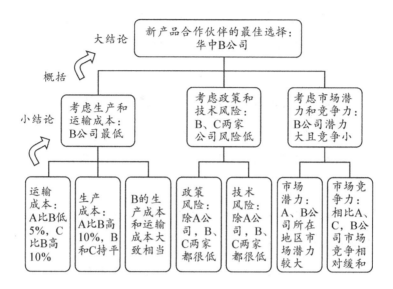

大结论

概括

小结论

概括要点并得出结论

在脑门的耐心帮助下，山姆看着自己分析出来的逻辑结构，演练着汇报内容，感觉思路越来越清晰了。山姆对试探静姐意向这一任务愈发有信心了，一切就等着午餐时间的来临。

一到午餐时间，山姆就来到食堂取了自己喜欢的日料套餐，边吃着午餐边留意着静姐，脑海中回忆着上午分析的逻辑结构。看到静姐吃完，拿起食堂发的酸奶，起身去还餐盘，山姆也赶快端起自己的餐盘赶了过去。

"静姐，我看您刚吃完饭。在回办公室的路上，关于我们新产品的最佳合作伙伴的分析，七仔前辈希望我们能在明天正式汇报前先跟您沟通一下，听听您的意见。您看可以吗？"

静姐看了看山姆紧张又认真的表情，微笑着说："好啊，山姆，我们边走边说。"

两人一起还了餐盘，往办公室方向走，静姐边走边喝着酸奶。

山姆深吸了一口气，定了定神，开始汇报："静姐，关于我们新产品的最佳合作伙伴，我们分别根据成本、风险和市场做了初步的分析。从成本上看，综合考虑运输成本和生产成本，华中 B 公司分别比另外两家低 2.5％ 和 5％；从风险上看，综合考虑政策风险和技术流失风险，华中 B 公司是最低的两家之一；从市场上看，华中 B 公司的市场潜力大。所以综合考虑，我们认为华中 B 公司是新产品合作伙伴的最佳选择。静姐，您看可以吗？"

对于山姆的汇报，静姐有点吃惊，面前的这个小伙子居然能如此简练高效地汇报合作伙伴的情况。山姆讲完的时候，自己的酸奶还没喝完，静姐不由自主地多看了眼前的这个年轻人几眼。"这么看来，华中 B 公司是个不错的选择。明天汇报的时候，请你们把成本方面的信息对比分析一下。"静姐给出了反馈。

下午，山姆给七仔前辈打了个电话，把今天静姐的反馈转述给了七仔前辈。七仔前辈说："看来我们提案的思路和方向是安全的。"山姆对七仔前辈提及的"提案的思路和方向是安全的"似懂非懂，这个所谓的"安全"是不是指迎合领导的喜好呢？山姆心想，改天找机会要当面请教一下七仔前辈。

职场案例：独当一面之人力资源提案

领导静姐发现由于前一阶段的新产品陆续推入市场，所以整个公司的加班费用开支比较大，而且个别员工的单月加班费非常高且不合理。在接下来的一段时间里，考虑新产品项目数量的下降，静姐思索着是否可以通过削减或控制人均加班时间，来削减公司人力资源方面的开支。当然，这个想法是否可行，最好还是找一个能干的下属去分析一下。

"这个整理信息并分析汇报的任务可以交给谁呢？"静姐暗自推敲着人选。有些干将虽然在能力上胜任这个任务，但是他们手头上新产品的项目还在执行阶段或收尾阶段，不一定有时间和精力来关注这个任务，而且静姐也不想再增加他们的工作量和工作压力。突然，山姆跃入静姐的脑海。这个小伙子几个月前从食堂回来路上简练高效地分析新产品的最佳合作伙伴的场景给自己留下了很深的印象。"对，就交给山姆，让他锻炼锻炼。"静姐自言自语着，确定了人选。

静姐把山姆叫到自己办公室，向他布置起任务："山姆，你进入公司后一直跟着七仔前辈做项目。我看到了你在这些项目中有着很好的表现，现在想让你独立承接一个任务，可以吗？"

"谢谢领导的认可！"得到领导认可的山姆士气倍增,意气风发地问道,"是什么任务？请领导布置。"

"最近一段时间整个公司的加班费用开支比较大。考虑到接下来一段时间,公司的新产品项目数量会逐渐减少,我想让你去收集一下各部门的信息,分析一下是否可以**通过削减或控制人均加班时间, 来削减公司人力资源方面的开支**?"静姐仔细地分享着自己的想法,"希望你一周内提交一个分析报告,看看是否可以削减或控制人均加班时间?"

对于领导给予的新任务,山姆感觉自己还没什么思路,但他很珍惜这次独当一面承接任务的机会。山姆深深地吸了口气鼓励了下自己,然后对静姐说："好的,静姐。我一定努力做好这次分析报告。"

"工作中有什么疑惑或困难,可以来找我或其他前辈,大家一起讨论讨论。"静姐希望减轻面前这个小伙子的压力。

回到自己的座位上,山姆思索着静姐布置给自己的新任务,思考着应该如何着手……山姆定了一间会议室,希望在不受外界干扰的情况下整理一下思路,当然少不了和他的智能机器人脑门一起讨论讨论。在会议室里,山姆在介绍了领导的要求之后,想听听脑门的建议。智能机器人脑门察觉到了山姆逻辑思维和逻辑表达能力的提升,这次想更多地启发山姆自己来思考和分析。

"主体的构建有两种方法:自上而下和自下而上。你觉得这次的情境应该用哪种比较合适呢?"脑门问道。

"有大量信息需要整理的时候,一般选择自下而上地构建主体结构。上次新产品合作伙伴的分析汇报就是用了这个方法。"山姆回答脑门的问题。

"这次是领导已经有了确定的目的,即希望通过削减或控制人均加班时间,来削减公司人力资源方面的开支。想要讲述确定的论点并展现说服力时,是否应该选择自上而下的构建方式呢?"山姆逐渐有了自己的思路。

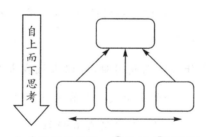

主要运用的规则:①论证 ②MECE

自上而下主体构建的规则

山姆看到脑门黑眼圈上的白色眼眶灯闪烁了几下绿光,说明脑门认同了自己的想法。

山姆继续阐述着自己的思路:"那么如何设计第一层的要点来论证和支持领导的目的,是这次设计的第一个关键点。"

脑门用提问的方式启发山姆:"那么你会怎么来设计第一的逻辑呢?你觉得演绎逻辑或归纳逻辑,哪个更有论证性和说服力呢?

山姆顺着脑门的思路边想边说道:"在这次的情境中,我想尝试设计演绎逻辑来提升论证性和说服力。"

"演绎逻辑是个不错的选择。"脑门的白色眼眶灯继续闪烁着绿光,"你会怎么设计第一层的演绎逻辑呢?"

"领导认为要削减公司人力资源方面的开支应从削减或控制人均加班时间着手,那么我就要先证明公司人力资源方面开支增加的主要原因的确是人均加班时间在增加。"山姆试着让自己的思路逐步清晰起来。

"要证明公司人力资源方面的开支增加的主要原因是人均加班时间在增加,需要有最近几个月的加班费数据、员工人数和每小时的加班费。如果公司人力资源方面的加班费最近几个月的确不断上升,而员工人数和每小时的加班费都不变,那么我们就可以推断出人力资源方面的开支增加的主要原因的确是人均加班时间在增加。"

加班费计算公式

"用公式法来演绎论证人力资源方面开支增加的主要原因是否是人均加班时间在增加。""嗯,是个不错的设计。"脑门的白色眼眶灯居然还能闪烁出深绿色的光。

"哪里可以获取最近几个月的加班费数据、员工人数和每小时的加班费等信息呢?"脑门继续追问着山姆。"去人事行政部门应该收集得到这些信息。"山姆答道。

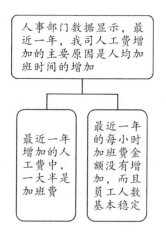

根据公式进行演绎推理

收集完人事部门的数据，山姆继续对脑门说："领导还要求我去收集一下各部门的信息和反馈，所以我得去问问各个部门的领导是否支持削减或控制人均加班时间。如果各个部门的领导都同意削减或控制人均加班时间，那么第一层的逻辑递进就从起因分析过渡到解决方法的可行性了。"

这时脑门的白色眼眶灯闪烁了几下诡异的蓝光。脑门问道："如果有些部门领导不同意在近期削减或控制人均加班时间，你准备怎么处理这些信息？"

"嗯……嗯……"山姆犯难了。他感觉若在领导静姐面前提及其他部门领导不支持在近期削减或控制人均加班时间，一定会令现场的汇报气氛比较尴尬。

脑门白色的眼眶灯内的蓝光换成了白光。"你觉得领导一般希望自己的想法被支持和认可，还是被他人反对呢？"脑门开始启发山姆。

"当然是被支持和认可！"山姆不假思索地答复。

"所以你的汇报和呈现是以支持削减或控制人均加班时间的部门信息为主，还是以不支持削减或控制人均加班时间的部门信息为主呢？"脑门继续启发山姆。

山姆的困惑消失了，他胸有成竹地回答说："以支持削减或控制人均加班时间的部门信息为主。如果静姐不主动问及，我就不提不支持的部门。"

"那么这些支持的部门，你又会按什么逻辑去递进呢?"山姆发现脑门总是能问出一些关键的问题去帮助自己完成结构框架的设计。

"这个逻辑应该是归纳逻辑。归纳逻辑主要有时间顺序、空间顺序和重要性顺序。感觉按照时间顺序(按照询问的顺序)、空间顺序(按照楼层的顺序)逻辑递进意义不大，没什么说服力。你看是否可以按照部门人数的多少，从多到少来逻辑递进? 我认为如果有几个人数多的部门支持削减或控制人均加班时间的想法，那么会极大地提升说服力。"山姆显得越发有自信了。

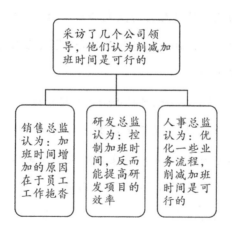

按照重要性顺序设计逻辑递进

"好主意!"脑门赞许了山姆的想法,白色眼眶灯继续闪烁着绿光。

"脑门,谢谢你。能再给些建议让我报告的说服力再增强一些吗?"山姆期待地看着脑门,他感谢脑门过去给他那么多好的建议。

脑门的白色眼眶灯和蓝色轮毂灯闪烁了几下,说明它在思考。"如果在你目前设计的第一层逻辑,从起因分析到解决方法的可行性之间再增加一个起因验证,你觉得说服力是否有提高?"

"怎么设计起因验证?"山姆问道。

"可以调研收集一些与我们公司相似的企业的人均加班时间数据,看看我们公司的人均加班时间是否比别的公司要长。如果我们公司的加班时间确实更长,那么就验证了我们公司的人均加班时间的确存在不合理性,验证了我们公司人均加班时间过多是客观存在的。"脑门分享了自己的思路。

"好主意!"山姆笑了,他喜欢脑门的建议,"那如何获取其他公司人均加班时间的数据呢?"

脑门建议道:"可以问问你在其他公司的同学或朋友,或者上网搜搜,再或者请人事部门的同事问问咨询公司是否有这样的数据。"

"如果收集到有些公司的人均加班时间比我们公司还长，那么这些数据和信息也可以不主动提及。关注在人均加班时间比我们公司少的那些公司的信息呈现上，对吧?"山姆已经慢慢掌握自上而下构建结构的要诀了。

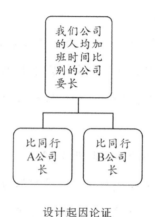

设计起因论证

"如果这样设计，那么第一层要点的逻辑递进就是：起因分析、起因验证、解决方法的可行性。"山姆小结道，"听上去很不错啊！谢谢你，聪明的脑门！"

"用公式法来演绎论证起因分析，即说明人力资源方面开支增加的主要原因是人均加班时间在增加。按类比公司的可比性做逻辑递进来验证起因是客观存在的，即我们公司人均加班时间过多是客观存在的。最后按照支持削减或控制人均加班时间想法的部门人数从多到少，通过归纳逻辑来论证这一解决方法在我们公司是可行的。"山姆整理了一下自己的思路，发现目前的这个主体结构逻辑清晰、层次分明而且简单易懂。

"那就这么去干吧。加油，山姆！"脑门鼓励着自己身边的这个年轻人。

通过精心的准备，山姆完成了自己的主体结构设计。山姆感觉通过这次任务的锻炼，自己的逻辑表达能力又提高了

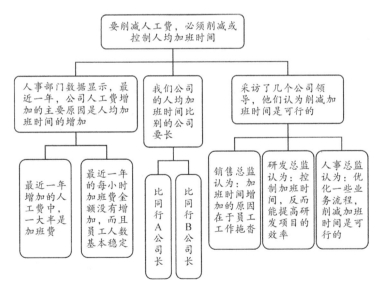

设计主体结构

不少,自己很享受这种成长中的快乐感。

山姆的报告再次获得了领导静姐的认可,山姆也很享受这种在成长中被领导认可的成就感。

"这个小伙子能力的确不错,以后要多培养和锻炼他!"静姐对山姆的印象越来越好,并开始关注起山姆在公司内的发展。

第四章

EXPANSION

拓展逻辑设计

在上一章中，我们从标题设计、序言设计和主体构建三个方面入手，构建起了标准的金字塔结构；并且利用金字塔结构中的纵向逻辑和基本的横向逻辑，理清了口头表达与书面表达的逻辑顺序。

在本章中，我们将分享更多的横向逻辑设计方法，让大家在进行逻辑设计时，不局限于前文所介绍的常规方法，而是运用更为丰富多样的方法，使逻辑表达的效果更上一层楼。

在本章中,我们将玩转逻辑思维的魔方,学习如下的拓展逻辑设计的方法:

时间顺序	空间(结构)顺序	重要性顺序
钟摆逻辑	多米诺效应	收益逻辑
二维模型	层化模型	同心圆模型

10 横向逻辑扩展：提升三大表达效果

在金字塔结构中，横向逻辑主要用于要点展开时的逻辑递进。具体而言，横向逻辑为第一层级或其他层级上的同一组内的思想观点、内容要点、论据材料等提供了一定的排列规则，使各项内容联系得更为紧密、更符合逻辑表达的要求。

通过横向逻辑的扩展设计，可以达到如下的表达效果。

■ 提升受众兴趣

在设计横向逻辑时，根据受众的需求点、利益点和兴奋点，做到重点突出、详略得当，就可以提升受众的兴趣。

具体而言，聚焦受众的注意力，要从以下两个方面入手。

其一，根据受众的需求点和与其切身相关的利益点，设置表达的重点：

（1）在口头表达时，配合抑扬顿挫的语音语调，突出强调重点；

（2）在书面表达时，用视觉优化的方式（如放大字号、加粗、变色或者使用下划线等），突出呈现重点。

如果将上述方法运用得当的话，定能将受众的注意力聚焦在表达的重点上。

其二，找准受众的兴奋点，设计有趣且令人兴致盎然的表达方式：

（1）在口头表达时，通过旁征博引，配合案例和故事，达到引人入胜的效果；

（2）在书面表达时，尽可能以图文并茂的形式呈现内容，牢牢抓住读者的视线。

在上述方法的基础上，如果配合幽默风趣的表达方式，则表达效果会更佳。

■ 帮助受众理解

通过符合受众思维习惯的横向逻辑设计，可以让受众置身于熟悉或简单清晰的逻辑递进中，从而在一定程度上减少受众理解的难度，使受众更容易跟随、认同和接受表达者的思想观点。

所以，横向逻辑的设计也应该做到删繁就简，呈现方式应尽可能地简单、清晰、明了，以避免复杂的逻辑对于受众理解的干扰。

■ 方便受众记忆

表达者所传播的思想观点与内容要点，不仅需要受众当场理解与接受，有时候更重要的目标是要让受众记住，在受众的记忆中留下深刻的印象，从而对他们产生尽可能长久的影响。

这就需要表达者在设计横向逻辑结构时，注意通过归类、概括、分层次、形象化、重点重复等符合大脑认知规律的方法，帮助受众记忆。

由上可见，设计好横向逻辑，就会使金字塔结构如虎添翼，为逻辑表达锦上添花，更容易获得受众的接受和认同，取得理想的表达效果。

在金字塔结构中，如果说纵向逻辑搭建起了逻辑表达的基本框架和层级，那么横向逻辑就好比逻辑表达中的思维魔方。表达者设计横向逻辑的过程，就如同将一个拧乱的魔方，按照一定规则和步骤，将同一颜色的格子重新归位于同一面的过程，让原本缤纷错乱的色块变得井然有序。

既然横向逻辑对于沟通表达有如此之多裨益，那么如何设计出更多的横向逻辑呢？我们将在下一节为大家揭晓九种横向逻辑的设计方法，教大家玩转逻辑表达的思维魔方。

11 高级逻辑设计：玩转逻辑思维的魔方

在上一节中,我们将横向逻辑比喻成逻辑表达中的思维魔方。正如魔方的每个面有九个格子,我们也准备介绍九种横向逻辑的设计方法。

横向逻辑的顺序:

一、时间顺序

二、空间(结构)顺序

三、重要性顺序

四、钟摆逻辑

五、多米诺效应方式

六、收益逻辑

七、二维模型

八、层化模型

九、同心圆模型

其中,前三种横向逻辑——时间顺序、空间顺序和重要性顺序,属于比较常见的归纳逻辑。在前文第二章介绍金字塔结构的横向关系时,已经具体介绍过这三种逻辑。

除了以上三种常见的横向逻辑设计，我们将会在下文具体展开介绍一些更加高级的逻辑设计。

■ 钟摆逻辑

钟摆逻辑源于哲学中的辩证推理，即通过描述相互对立的选项，从而建立起对"合理"的中间选项的渴望。如下图所示，钟摆逻辑通常由左摆选项、中间选项、右摆选项构成。

钟摆逻辑

钟摆逻辑实质上属于演绎逻辑，只是相对于一般的推理逻辑更为复杂些而已。

钟摆逻辑有两种具体的设计方法：温和形式和激进形式。

(1)温和形式——提出妥协方案

所谓温和形式,即不试图推翻左摆选项或右摆选项,而是努力加以调和,以接近中间选项,从而提出妥协方案。

简而言之,温和形式就是承认存在不同的观点,但努力走向秉持中间立场的选项。

来看一个具体的案例。如果我们建议别人买车,按照钟摆逻辑的温和形式,我们可以采用下述的表达框架。

【引出话题】听说你要买车?

【左摆选项】如果你要便宜的话,可以买两三万元的车,但是这样的车不安全。

【左摆选项过渡到右摆选项】那么,什么车比较安全呢?

【右摆选项】上百万元的车肯定安全些,但是那些车的价格和日后保养都太贵了。

【右摆选项过渡到中间选项】那么,什么车行驶安全而且价格适中呢?

【中间选项】还是建议买二三十万元的车,行驶安全,而且价格和成本适中。

(2)激进形式——捍卫现状或己方的方案

所谓激进形式,即推翻左摆选项和右摆选项,只留下中间选项,以此来捍卫或者坚持自己的方案或观点。

继续以上文建议买车的情境为例。如果按照钟摆逻辑的激进形式,我们可以采用下述表达框架。

【引出话题】听说你要买车?

【左摆选项】有些人图便宜买两三万元的车,但是这样的车一撞就散,而且出现过多次自燃事件,很不安全。

【左摆选项过渡到右摆选项】那么,什么价位的车比较安全呢?

【右摆选项】当然可以买上百万元的车,行驶时肯定安全些。但是以我们的收入买这么贵的车,根本不现实。大家会想:你从哪里来的这么多钱? 买上百万元的车,会造成财务上的不安全。

【右摆选项过渡到中间选项】那么买什么车,既能行驶安全,又能财务安全呢?

【中间选项】应该买二三十万元的车,这样的车行驶安全,而且价格适中,也符合我们的收入水平。

利用钟摆方式进行逻辑设计时,会呈现出表达者自始至终都站在受众的角度思考和分析问题的感觉,这种换位思考的姿态,加之钟摆方式中演绎逻辑的运用,会使得受众更容易被说服。

■ 多米诺效应

多米诺效应,也叫骨牌效应,是以一个事件引发另一个事件来展开话题,从而设计出连锁反应的逻辑顺序。

多米诺效应属于演绎逻辑,具有强烈的推理性。如果你希望引导受众去追索事件或观点的来龙去脉,从而支持你的想法,运用这种逻辑就非常合适。

在运用多米诺效应这一方式来设计逻辑顺序时,需要先把事件的原因重复一下,再去讲这个原因所导致的结果,继而这一结果又引发下一个事件的发生。

比如,我们要分析某家公司离职率上升的原因,运用多米诺效应,就可以采取如下的表达框架——

某公司员工的流失,就会导致离职员工的工作需要由在职人员来分担;要分担离职员工的工作,就会导致在职员工的

多米诺效应

工作负担增加；工作负担增加，就会导致在职员工的压力增加，从而导致离职率进一步增加。

在运用多米诺效应设计逻辑顺序时，也可以进一步运用两种更为具体的逻辑。

（1）多因一果

在口头表达或书面表达中，为了强调结果的必然性，可以设计多因一果的逻辑顺序。

来看一个多因一果的典型例子：

如果我们在口头表达时能注重语音、语调和语速上的变化,就能发出动人的噪音。

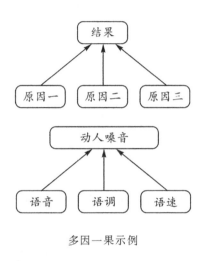

多因一果示例

(2)一因多果

在口头表达或书面表达中,为了强调原因的重要性,可以设计一因多果的逻辑顺序。

来看一个一因多果的典型例子:

如果事先没有做好旅行计划,就会导致玩不好、睡不好,甚至吃不好。

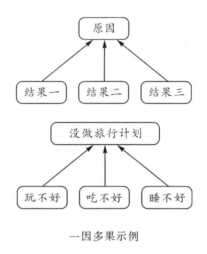

一因多果示例

因为多米诺效应具有强烈的推理性,当这种逻辑往好处推演且放大时,就会以利益去诱惑受众(如上文中的"发出动人的噪音");而当这种逻辑往坏处推演且放大时,就会给受众带来一种损害威胁的感觉(如上文中的"员工流失"和"玩不好、睡不好,甚至吃不好")。

■ 收益逻辑

收益逻辑是利用受众趋利避害的心理,将正面收益呈现给受众后,又把负面害处分析给受众,从正反两方面的对比来影响和说服对方。

收益方式属于归纳逻辑,这种逻辑的设计比较犀利,通过正反两部分的对比来突出观点,从而构建起说服力。

收益逻辑的设计要从两方面入手:正向收益方法和反向收益方法。

(1)正向收益方法

正向收益方法,简单来讲,就是向受众推介多个收益,用利益去诱惑和引导受众,从而使受众理解、认同、跟随表达者的思想观点。

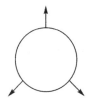

将受众可以获得的益处
尤其是显而易见的收益
呈现给受众

正向收益逻辑

正向收益方法的话术可以概括为:

"如果大家采纳我的建议,我们可以看到好处一……好处二……好处三……"

（2）反向收益方法

反向收益方法，与正向受益方法反其道而行之，即通过向受众分析害处，警告可能的风险和后果，用于提醒或刺痛对现状满意的受众。

通过警告风险和危害
尤其是显而易见的危害
分析呈现给受众

反向收益逻辑

反向收益方法的话术可以概括为：

"如果大家不实施这个方案，我们可能会遇到风险一……风险二……风险三……"

正向收益方法和反向收益方法，可以根据实际表达的需要单独使用，也可以两者结合起来，达到对比突出的效果。

通常，在一般情况下，我们会针对正向收益和反向收益各设计三五个要点：一方面，可以向受众传达问题考虑得比较全面的感觉；另一方面，要点的数量也符合人脑的记忆规律，不至于要点太多而影响受众的理解、接受和记忆。

让我们来看一个职场中的案例：如何从正反两面来说服

对方,接受某产品的改进建议?

首先,运用正向收益的方式来表达。

如果我们启动产品 A 的改进项目,会带来如下好处:

好处一是提升产品 A 的良品率,从而促使生产成本的下降;

好处二是提升产品 A 的质量,客户满意度也会随之提升;

好处三是降低产品 A 售后的返修率,从而降低售后服务的成本。

然后,再运用反向收益的方式做对比,加强改进建议的说服力。

但如果我们不实施产品 A 的改进计划,继续生产和销售现在的产品 A,可能会遇到如下风险:

风险一是会造成产品 A 的良品率持续走低,从而导致生产成本持续走高;

风险二是会造成产品 A 的质量不稳定,从而影响客户的满意度,导致销量继续下滑;

风险三是会造成产品 A 的售后返修率过高,不仅会增加售后服务的成本,而且会直接影响品牌形象。

收益逻辑如同为受众展现了一个两面的金字塔结构：在把正面的收益一一呈现给受众后，又把反面的危害一一分析给受众，通过运用正反两方面的对比逻辑来说服受众。

■ 二维模型

当我们在设计横向逻辑时，如果遇到大量素材，无法用一个维度去串联，就可以思考使用二维模型的设计。

二维模型，顾名思义，即设计出两个维度，且每个维度的设计相对灵活，既可以设计成演绎逻辑，又可以设计成归纳逻辑。

比如常见的时间管理模型，就是典型的二维模型。

如下图，横轴是按照紧急程度的顺序，从不紧急到紧急来进行横向逻辑设计，属于归纳逻辑中的时间顺序；而纵轴则按照重要程度的顺序，从不重要到重要来进行横向逻辑设计，属于归纳逻辑中的重要性顺序。

再如，公司各个部门各自梳理问题、分析起因和推荐解决方法时，也可以利用二维模型来辅助表达。

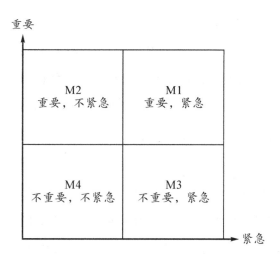

利用二维模型区分事件的紧急程度

如下图,横轴是按照辨别问题、起因分析和解决方法的顺序来排列的,属于典型的演绎逻辑;而纵轴则是按照部门的顺序来呈现的,属于归纳逻辑中的空间顺序。

```
            辨别问题      起因分析      解决方法

部门A       _____       _____       _____

部门B       _____       _____       _____

部门C       _____       _____       _____
```

利用二维模型找出部门的问题和解决方法

　　让我们再来看一个职场中的具体案例:企业在进行人才盘点时,该如何评判各类人才以做出正确的决策呢?

　　由于人才种类相对复杂,无法用一个维度来串联,所以在此情形下,可以通过潜力和实力这两个维度来对员工进行分析,从而清晰地梳理出四类人:

　　第一类:潜力低且实力低的员工——需要裁撤

　　第二类:潜力低但实力高的员工——可用之才

　　第三类:潜力高但实力低的员工——可造之材

　　第四类:潜力高且实力高的员工——宝贵财富

　　按照上述分析,可以设计出如下图的二维模型:

　　可见,通过二维模型来呈现复杂信息,不仅会让决策者从纷繁复杂的信息中理出清晰的逻辑线索,也会给受众带来一目了然的感觉。

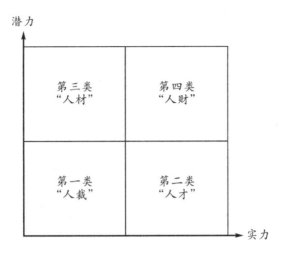

利用二维模型进行人才盘点

■ 层化模型

当我们在设计表达的逻辑顺序时,如果发现一些素材的横向逻辑不是简单的单向关系,而是具有正向和逆向关系,或是两两素材之间也蕴含某种逻辑关系,就可以考虑设计成层化模型。

在层化模型中,一般蕴含两种逻辑:向上逻辑和向下逻辑。

向上逻辑和向下逻辑可以根据内容需要,设计成演绎逻辑或归纳逻辑。

如下图所示,我们可以通过设计向上逻辑来串联第三层

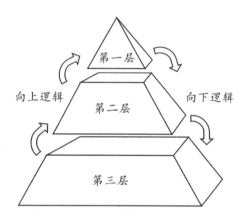

向上逻辑　　　　　　　　　　向下逻辑

第一层

第二层

第三层

层化模型中的向上逻辑与向下逻辑

至第二层,再至第一层;同时,我们也可以设计出向下逻辑来
串联起第一层至第二层,再至第三层。通过向上逻辑和向下
逻辑的两个维度设计出的层化模型,可以使表达的逻辑呈现
得更为完整、更为立体。

比如,针对职业发展的话题,我们可以设计出如下图所示
的层化模型:

【向上逻辑】职业能力可以帮助我们达成好的职业结果;

好的职业结果可以积淀出自己的职业品牌。

【向下逻辑】先规划出自己的职业品牌;

再去达成与职业品牌相关的职业结果;

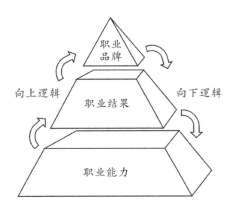

利用层化模型呈现职业发展

最后根据要达成的职业结果所需要的技能,去提升相关的职业能力。

在这一案例中,向上逻辑和向下逻辑都是以推理的方式递进展开的,都属于演绎逻辑。

此外,在层化模型中,还可以去跨层分析逻辑关系。

比如,第一层的职业品牌与第三层的职业能力的关系:

在职业发展中,要根据自己所规划的职业品牌,有选择性地持续学习和提升相关的职业能力,从而更快地形成自己的职业品牌。

再如,针对员工培养的话题,我们可以设计如下的层化模型:

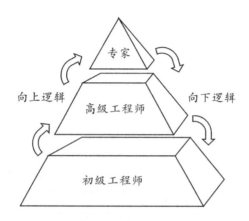

利用层化模型呈现员工培养模式

【向上逻辑】通过培训或带教手段可以把初级工程师培养成高级工程师；

再通过挑战性的工作或带教手段把高级工程师培养成专家。

【向下逻辑】专家可以带教高级工程师；

高级工程师可以带教初级工程师。

此外，也可分析第一层专家与第三层初级工程师的逻辑关系：

专家的分享和培训可以帮助初级工程师成长。

当需要设计的素材之间有逐步提升的趋势（如初级工程师、中级工程师、高级工程师和专家等），或是下层会导致上层的结果（如能力、结果、品牌或数据、信息、智能等），抑或是上下层之间的逻辑不是简单的单向关系，而兼具正向和逆向关系，在上述的这些情况下，都可以考虑运用层化模型来进行逻辑设计。

■ 同心圆模型

实质上，同心圆模型是视觉优化后的金字塔结构，相当于把金字塔结构中横向展开的每一级内容或要点，转换成360度合拢的同心圆，如下图：

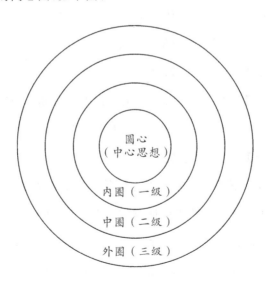

同心圆模型

在同心圆模型中,圆心为金字塔结构的中心思想,内圈即金字塔结构的第一层上的一级思想,中圈即金字塔结构的第二层上的二级思想,外圈即金字塔结构的第三层上的三级思想,以此类推。

内圈、中圈和外圈的横向逻辑可以根据内容需要,选择演绎逻辑或是归纳逻辑。

相较于金字塔结构,同心圆模型的优势在于,在视觉上给予受众一种心理暗示:呈现事件或观点的逻辑结构是完整的,这已经是 360 度分析了。

让我们来看一个具体的案例,在分享新产品导入的战略时,就可以采取同心圆模型,如下图:

【圆心】显示出中心思想(主题):新品导入。

【内圈】展开一级思想:政策、4P 市场分析、内部协同合作,属于归纳逻辑中的空间顺序,即从外部到内部。

【外圈】展开二级思想:

- 政策下展开国家和地方政策,可以采取归纳逻辑,既可以按各地政策设计成空间顺序,又可以按政策发布时间设计成时间顺序;

- 4P 市场分析下,根据市场的四个要素展开,属于归纳逻辑,按虚拟空间顺序的变体(结构顺序)排列;

利用同心圆模型分享新产品导入的战略

- 协同合作下,按照各部门的空间顺序递进排列,属于明显的归纳逻辑。

在进行表达分享时,可以先介绍外部政策,包括国家和地方的政策;再做 4P 市场分析,依次从产品、价格、区域、促销四方面展开介绍;最后强调公司内部各部门如何协同合作(依次介绍合作的各个部门)。

由上可见,360 度合拢的同心圆模型在视觉上会给受众一种思考周密完整的心理暗示，有利于减少受众挑战表达者是否有遗漏的可能性。

本章我们基于金字塔结构，进一步转动逻辑思维的魔方，拓展出多种横向逻辑的设计方法，以适应更为多样化的逻辑表达场景，有助于设计出与表达内容更为匹配、更为灵活多变的逻辑递进，以期突出要点，增加所表达内容的说服力，令受众信服和接受，达到简洁高效的沟通表达效果。

让我们继续以山姆的故事，看看如何在工作中活学活用这些横向逻辑的设计方法。

职场案例：影响他人之组建项目团队

时间如白驹过隙，一眨眼山姆到公司工作已经一年多了。

领导静姐一直很关注山姆的成长，希望把山姆培养成一个独当一面的人才。最近公司有个新产品导入项目需要一个项目经理，静姐想是不是让山姆在项目经理的岗位上历练一下。

静姐把山姆叫到了办公室。

"山姆，公司的新产品 T 的导入项目希望能由你来做项目经理。你觉得怎么样？"静姐问山姆。

"静姐，这个新产品 T 的导入项目如果只靠我们部门推动很难完成，需要研发、采购、物流、制造、市场、销售和售后服务等多个部门协调合作才能顺利导入。"山姆边思考边回答着静姐。

"那你哪里需要我帮助吗？"静姐笑着问道。

山姆思索片刻后说："领导，能否麻烦您召开一个跨部门会议？邀请相关部门的领导都参加。我想组建一个项目团队去推动新产品 T 的导入项目。"

"Good idea!"静姐赞许了一声，算是答应了。

静姐召集的新产品 T 导入项目的跨部门协调会议就要如期召开了,会议时间定在明天下午。山姆心想:在会议上怎么能够让各部门的领导能同意派出有经验的同事参与这个项目呢?

山姆记得他的智能机器人脑门告诉过他,好的逻辑设计可以带来说服力。那么应该用哪个逻辑设计来说服各部门的领导同意派出有经验的同事参与这个项目呢?要不还是和脑门商量一下。

"针对这次会议发言的逻辑,亲有什么好的建议吗?"山姆亲密地询问着脑门。

"你为什么希望各部门的领导派出有经验的同事参与新产品 T 导入项目呢?"脑门开始启发山姆。

"这个新产品项目技术比较复杂,而且时间进度也相对紧张。如果有有经验的同事参加,可以保证质量、减少返工、按时完成项目。"

"如果有些部门领导希望通过这个项目来培养新员工的话,对你的项目有什么影响呢?"脑门继续启发着山姆。

山姆脸色有些凝重地说:"如果是新手,首先培养和带教就需要一些时间,那么这个项目短期内无法启动,一定会影响项目的完工时间。而且在过程中,新手可能没有经验会造成一些工作中的质量偏差,项目有返工延误或失败的风险。"

"既然你把得失想得比较清楚了,利用人们趋利避害的心理应该设计成哪个逻辑呢?"脑门问山姆。

"利用人们趋利避害的心理来说服对方,一般可以使用**收益逻辑**。那么得在好处上设计 3~5 点,坏处上设计 3~5 点,这样可以给人比较全面的感觉。"山姆一边思考一边回答。

脑门补充道:"是的,而且无论 3~5 点的好处还是坏处,都需要设计一个横向逻辑。"

"如果有经验的同事参加这个项目,我之前提到的好处有保证质量、减少返工、按时完成项目。感觉这些好处偏中期和长期,那么横向逻辑可以设计时间顺序,我增加一个短期的好处就可以了。"山姆继续着他的逻辑设计,"那么短期收益就是有经验的同事因为熟悉过去的产品,所以熟悉新产品也会比较快。项目的启动时间可以较早。"

"这个设计不错。那么坏处展开的 3~5 点也用时间顺序串联,会让收益逻辑更有说服力。你觉得呢?"脑门分享着自己的建议。

"好主意。那么坏处也按短期、中期、长期来展开。"山姆认同了脑门的建议,"如果是新手参与新产品 T 导入项目,那么这个项目短期无法启动,因为需要培训新人产品知识;从中期来看,由于新人无法独立协调资源,会有项目延误的风险;从长期来看,由于新人在工作中可能出现的质量问题,项目有返工或失败的风险。"

"那你尝试汇总一下正向趋利、反向避害,先形成一个腹稿吧。"脑门对山姆逐渐形成的独立设计逻辑的能力感到满意和欣慰。

"我试试啊。"山姆理了理思路后说,"今天非常感谢各个部门的领导来参加新产品 T 导入项目的筹备会议。我非常希望各个部门能安排有经验的同事参加这个项目,因为这个新产品在技术上是比较复杂的,而且项目的时间进度也相对紧张。如果各部门安排有经验的同事参加这个项目,短期好处是有经验的同事比较熟悉公司产品,大家熟悉新产品也会比较快,项目的启动时间可以较早;中期好处是有经验的同事可以保证项目质量、减少返工;长期好处是有经验的同事可以根据过去的项目经验预防一些常见的风险,保证项目成功按时完成。"山姆咽了口唾沫继续说,"如果各部门安排新手参与新产品 T 导入项目,从短期来看,因为需要培训新人相关的产品知识,那么这个项目短期内无法启动;从中期来看,由于新人无法独立协调资源,从而会有项目延误的风险;从长期来看,由于新人在工作中可能出现的质量问题,项目有返工或失败的风险。所以希望各个部门能安排有经验的同事参加这个项目,从而确保新产品 T 导入项目能按时按质成功完成。"

山姆看到脑门黑眼圈上的白色眼眶灯一直闪烁着绿光,说明脑门已经认同了自己的设计。"Very good! 很有说服力!"听完山姆的一席话,脑门发出了由衷的赞许。

山姆深深地吸了一口气,开始对自己在明天项目会议上的发言有些小期待了……

第五章

SHOW

精彩呈现逻辑结构

　　相信各位通过前面几章的学习，已经掌握了构建金字塔结构、设计横向逻辑的方法，并能灵活运用在实际的逻辑表达中，以期吸引受众，帮助受众理解和记忆。

　　但如果具备了良好的表达结构和横向逻辑，就一定能在现场呈现出一个精彩的口头演讲了吗？就一定能写出让受众喜欢且认可的书面文章了吗？

　　答案是不一定。因为无论在口头表达还是书面表达中，要想精彩地呈现出思想观点和内容要点，还需要思考故事主线和视觉呈现效果上的结构化设计。

那么,就让我们在本章中继续分享故事主线与视觉效果设计这两个版块的方法和技巧吧。

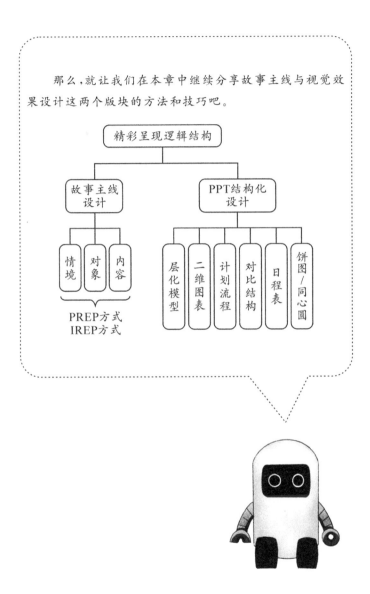

12 故事主线设计：迎合受众，获得认可

当我们设计好逻辑表达的主体结构和同层级间的横向逻辑后，就需要根据表达时可能的情境和状况，以金字塔结构为基础，进而设计出讲述的顺序。这一讲述的顺序，就可以称为"故事主线"。

在故事主线的设计上下功夫，找出最适合受众且有利于自己的讲述顺序，不仅可以吸引受众的聆听或阅读兴趣，还会使我们所表达的信息更易于被受众接受和支持。

要设计出"受众有兴趣听"的故事主线，需要考虑以下三点：

一是沟通的场合和实际的情境；

二是沟通对象的特点、性格及兴趣；

三是所表达的内容是否简单易懂。

以前文第三章中的案例——山姆分析新产品合作伙伴为

例,要从三家公司(华北 A 公司、华中 B 公司、华南 C 公司)中选择出一个新产品的合作伙伴。之前,山姆按照成本(生产和运输)、风险(政策和技术)、**市场**(潜力和竞争)这三个类别,将搜集到的信息资料整理成下图的金字塔结构。

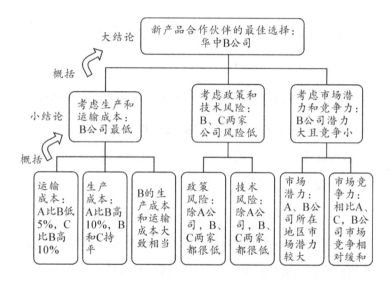

将搜集到的信息整理成金字塔结构

山姆在汇报的时候,就需要充分考虑汇报对象的特点,继而进行故事主线的设计。

如果这次的汇报对象是财务总监或生产总监,考虑到沟通对象首先会对各项成本特别敏感,其次也比较关注风险管控,我们可以设计这样的汇报顺序:先讲成本,再说风险,最

后分析市场。故事主线如下图所示:

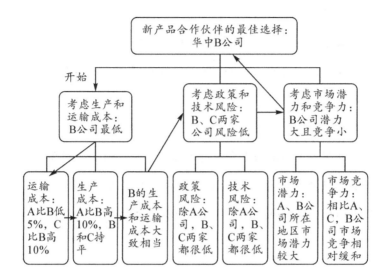

向财务总监/生产总监汇报的故事主线

具体汇报的内容如下:

总监,您好! 关于新产品的合作伙伴,我们分别根据成本、风险和市场做了初步的分析,推荐华中 B 公司作为优先选择。

从成本上看,综合考虑运输成本和生产成本,华中 B 公司分别比另外两家低 2.5%和 5%(有时间可以展开到下一层具体内容和数据)。

从风险上看,综合考虑政策风险和技术流失风险,华中 B 公司是最低的两家之一。

从市场上看,华中 B 公司的市场潜力大、竞争小。

经过综合考虑,我们认为华中 B 公司是新产品合作伙伴的最佳选择。

如果这次的汇报对象是市场总监,考虑到沟通对象对市场的信息最为关注,我们针对汇报对象可以调整故事主线为:**先讲市场,再说风险,最后分析成本。** 调整后的故事主线如下图所示:

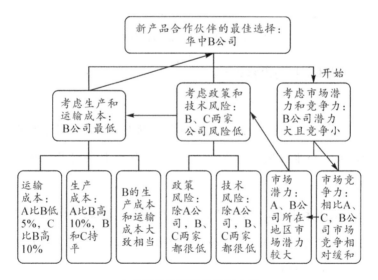

向市场总监汇报的故事主线

具体汇报的内容如下:

总监,您好! 关于新产品的合作伙伴,我们分别根据市场、风险和成本做了初步的分析,推荐华中 B 公司作为优先选择。

从市场上看,华中 B 公司的市场富裕人数较多,所以市场潜力较大;价格战相对缓和,所以竞争较小(有时间可以展开到下一层具体内容和数据)。

从风险上看,综合考虑政策风险和技术流失风险,华中 B 公司是最低的两家之一。

从成本上看,综合考虑运输成本和生产成本,华中 B 公司分别比另外两家低 2.5% 和 5%。

经过综合考虑,我们认为华中 B 公司是新产品合作伙伴的最佳选择。

根据不同沟通对象的特点,我们可以构思出两种不同的讲述顺序。这种不同的讲述顺序就是故事主线的设计。

此外,当讲述汇报的故事主线确定了,那么汇报展示的幻灯片顺序也就能够确定了。例如,要按照下图的故事主线进行叙述,汇报演示就需要 9 张幻灯片。

设计好故事主线后,可以进一步选择具体的表达方式来

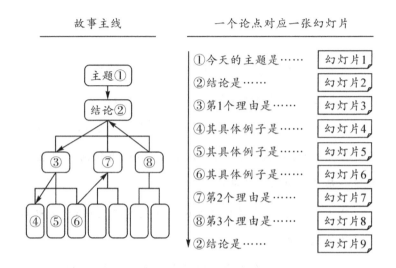

根据故事主线确定幻灯片演示顺序

进行叙述，常见的表达方式有两种：PREP 方式和 IREP 方式。

(1)PREP **方式**

PREP 方式是论点先行的表达方式，适用于受众对汇报内容的背景和流程具有一定了解的情境，比如公司内部例会或向上级汇报常规工作的场景。

运用 PREP 方式进行汇报，即以论点抓住受众的注意力，可以让受众在第一时间接收核心观点或最终结论，避免对方出现不耐烦的状况，从而使受众耐心地听完我们的表达汇报。

具体的表达顺序按照下图所示：

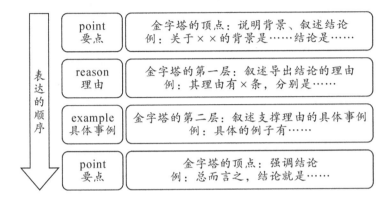

PREP 表达方式

(2)IREP **方式**

IREP 方式是主题先行的表达方式,适用于受众对于议题比较陌生或不了解情况的情境,如公司的外部会议或是新流程、新产品的推介会等沟通场景。

主题先行的汇报方式可以避免因直接亮出观点而显得过于唐突,在对受众进行一番信息铺垫、心理建设和逻辑牵引之后,再水到渠成地将受众引导至核心观点,这会更有利于受众对于信息的接受和理解。

具体的表达顺序如下图所示：

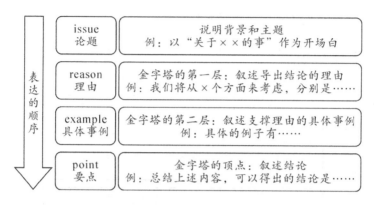

IREP 表达方式

我们要根据表达时的具体情境，选择使用 PREP 方式或 IREP 方式来讲述自己的故事主线，并确定要展开分享的具体事例或信息数据，从而提升沟通表达的效果。

具体情境的判断可以参考下图：

	PREP	IREP
特点	先给出结论，最后再次强调结论	先提出论题/主题，最后叙述结论
适用场合	1.公司内部例会 2.受众了解议题	1.公司外部会议 2.受众不了解议题
优势	先抛出结论，吸引受众听完汇报，避免对方不耐烦	通过信息铺垫、心理建设和逻辑牵引，让受众充分了解议题，避免直接抛出结论，让受众感到唐突

PREP 与 IREP 两种表达方式的对比

我们还是以前文第三章中的山姆分析新产品合作伙伴为
例，假设此次汇报的场合是公司内部例会，给财务总监或生产总
监汇报，就可以采用 PREP 的方式，做如下汇报：

总监，您好！关于新产品的合作伙伴，我们分别根据成
本、风险和市场做了初步的分析，推荐华中 B 公司作为优先选
择。从成本上看……

但如果财务总监或生产总监不知道我们正在做新产品合
作伙伴的选择，而且这次是我们第一次给总监汇报此议题，那
么汇报时采用 IREP 的方式则更为合适：

总监，您好！关于新产品的合作伙伴，我们分别根据成
本、风险和市场做了初步的分析，今天来向您汇报一下分析结
果。从成本上看……

当我们基于受众的特征，设计出迎合受众的故事主线，再
根据表达场景，选择适当的 PREP 或 IREP 的表达方式，继而
呈现出所表达的内容，相信一定会引导受众跟随我们的表达
思维，取得受众认可和最佳的沟通表达效果。

职场案例：人际沟通之讨论孩子教育

山姆得知七仔前辈最近有点心烦。让七仔前辈烦恼的是她5岁儿子的教育问题，因为孩子性格内向，而七仔前辈望子成龙，所以两人经常发生矛盾。

山姆很想告诉前辈别过多在意孩子内向的性格，应该多看看孩子的好处并经常表扬他，因为很多名人都是从小得到鼓励而成长的。

山姆知道七仔前辈有如下情况：

- 七仔前辈36岁，对5岁的儿子寄予很高的期望。
- 七仔前辈一直以来都不喜欢被人当面直接批评。
- 在对方言之有理的情况下，七仔前辈是可以被说服的。
- 七仔前辈不太相信医生的话，觉得有些医生的话是骗人的。

山姆准备找个午休时间，来劝导一下七仔前辈。他整理了一下自己的思路，希望能举以下一些事例来开导七仔前辈：

- 据说通用电气CEO杰克·韦尔奇小时候说话结巴，但他的母亲鼓励他说："你没有问题，只是头脑转得太快,嘴巴跟不上而已。"

- 自己的朋友田医生是儿科医生,他说小时候性格内向是常有的,完全没有问题。

- 自己的朋友齐医生是精神科医生,他的看法和田医生一样。

- 七仔前辈的儿子运动好,擅长跑步。

- 被誉为"中国导弹之父"的钱学森,他的父母一直给予他极大的力量支撑,也激发了他强烈的爱国主义情感和深厚的民族自豪感。

- 七仔前辈的儿子正在学钢琴,进步好像也很快。

山姆知道主体的构建有两种方法:自上而下和自下而上。当有大量信息且需要整理思路后再进行沟通的时候,一般采取自下而上的结构。于是,山姆通过对上述内容信息的归类和概括,设计出了如下的金字塔结构。

山姆把自己希望分享的内容分成了三类。如下图,左起第一部分是医生的观点;第二部分是分析孩子的优点;第三部分是引用名人的故事来劝导七仔前辈。但是这三个模块应该先讲哪个呢?山姆带着自己的疑问,寻求脑门的帮助。

只见脑门的白色眼眶灯闪烁了一下,说道:"我相信你可以根据七仔前辈的喜好,设计出合适的故事主线。"脑门鼓励

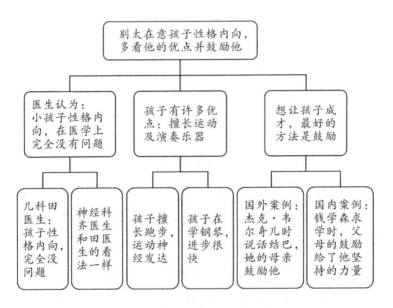

山姆设计的金字塔结构

山姆独立完成故事主线的设计。

山姆定了定心神,开始梳理自己的思路:"考虑到七仔前辈不太相信医生的话,觉得有些医生的话是骗人的,所以为了迎合她的喜好,医生部分不应该首先提及,否则会引起她的反感。那么分析孩子优点和名人故事这两部分,是可以先切入的模块。"

脑门的白色眼眶中的灯晕上下跳动着,就如同在眨眼似的。这是认同山姆的分析。

"那么分析孩子的优点和讲述名人的故事,究竟从哪个部分先开始呢?"山姆想请教一下脑门。

脑门觉得可以提示一下山姆,说道:"你觉得先讲哪部分,是七仔前辈最可能感兴趣或者最有新鲜感的呢?"

"我觉得应该是名人的故事,毕竟她对自己孩子的优点肯定比我要熟悉呢!"山姆边思考边回答着。脑门继续用白色眼眶中灯晕的上下跳动来认可山姆的分析。

"那就先从名人故事讲起,可以用名人的成长故事来引起七仔前辈的兴趣,同时启发和劝导她。之后再讲孩子的优点,让七仔前辈看到孩子身上还是有很多可取之处的,进一步建立她的信心。最后简单提及医生的观点,减少她的顾虑。你看怎么样?"山姆说出了自己的故事主线。

"故事主线设计得不错,但你只是考虑到了金字塔结构中一级内容的横向顺序,你有没有考虑二级内容上的逻辑递进呢?"脑门进一步启发山姆,希望山姆设计好二级内容上的逻辑递进,从而进一步完善整个结构的故事主线。

"首先切入名人故事,可以先讲国内钱学森的故事,再讲国外杰克·韦尔奇的故事;然后分析孩子的优点,可以设计成孩子文武都有优点的逻辑递进,先讲孩子学钢琴进步快属于偏静的,再讲孩子擅长跑步属于偏动的;因为七仔前辈不喜欢医生的话,所以医生观点的部分可以不做展开,仅简单提及一下即可。"由于反复的训练，山姆在设计逻辑结构时，思路越来越流畅了。

山姆设计出的故事主线如下图：

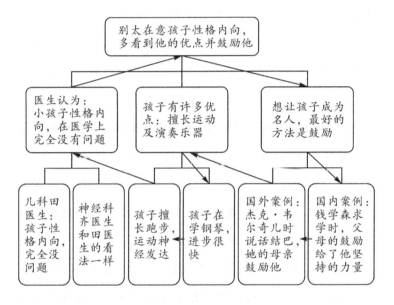

山姆设计的故事主线

脑门表扬了山姆："非常棒的故事主线，你可以在午休时间，好好开导一下七仔前辈了！"山姆发现此时脑门的白色眼眶灯似乎大了一圈，而且泛着绿色的灯晕，显得更萌萌哒了。

山姆自己也开心地笑了起来。这时的山姆突发奇想：可惜脑门是个智能机器人，感受不到人的情绪，否则它现在应该会对自己的表现感到满意，会和自己一起开怀大笑。

13 PPT 结构化设计：优化视觉呈现效果

　　PPT 是职场中最为广泛运用的工具之一，无论是项目立项、产品推介，还是日常工作中的工作汇报、工作总结，都会运用到 PPT。对 PPT 进行结构化设计，是职场人士的必备技能。

　　想要呈现出简洁的 PPT，可以尝试让 PPT 主体的纵轴和横轴具有某些意义。一旦 PPT 的纵轴和横轴被赋予了意义，那么 PPT 就呈现出了结构化的特征。

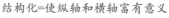

结构化=使纵轴和横轴富有意义

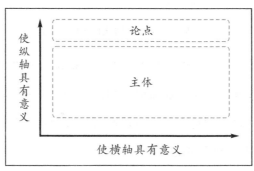

PPT 呈现出结构化特征

让我们来看一个具体的案例：领导要在例会上向员工传
达未来一段时间的工作计划。如果设计成 PPT，一般会将计
划按照时间顺序依次排列（如下图左）；但实际上，可以将工作
计划以横轴/纵轴的形式呈现，将横轴设为"内容和期限"，纵
轴设为"计划"，使横轴和纵轴都具有意义，就可以获得更为直
观的 PPT 页面（如下图右）。

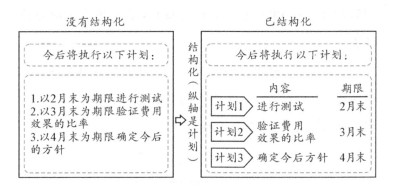

没有结构化与已结构化的 PPT 对比

对比上面两张 PPT，显然右图已结构化的 PPT 更加令人
一目了然，因为它的纵轴和横轴都被赋予了明确的意义。因
此，PPT 经过结构化设计之后，就可以用较少的资料，以更简
洁的形式来呈现更多的内容。

在 PPT 的结构化设计中，除了上述的横轴/纵轴结构，还
可以参考以下结构化的设计模板。

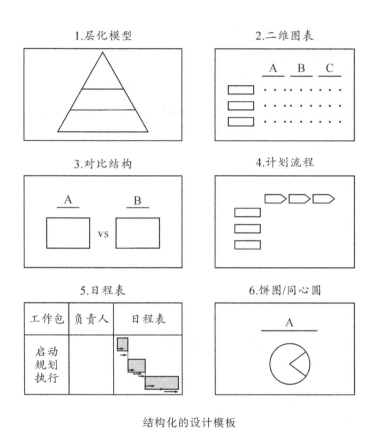

结构化的设计模板

1. 层化模型

上图 1 的层化模型曾在第四章中介绍过,这一模型也可以应用在 PPT 的结构化设计中。当金字塔结构中各层级的内容素材之间有逐步提升的趋势,或者是下一层级会导出上一层级的逻辑,就可以选用层化模型来呈现。

如下图所示,利用层化模型,从最下层的选项 C 优化出选项 B,再从选项 B 优化出最上层的选项 A,从而论证选项 A 是最好的方案或选择。

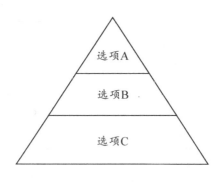

利用层化模型论证最佳方案

2.二维图表

上图 2 的二维图表比较适合数据的对比呈现。

例如,我们想显示商品 A、商品 B、商品 C 在过去三年的销售情况,那么我们可以利用二维图表的结构,将横轴的逻辑设为"各类商品",纵轴的逻辑设为"年份",从而在表格中呈现当年该商品的销售数据。

通过二维图表,受众不仅可以在横向的"商品类别"上分析不同商品同一年份的销售数据,而且可以在纵向的时间轴上对比分析同一商品在不同年份的销售数据。

	产品A	产品B	产品C
2019	…	…	…
2018	…	…	…
2017	…	…	…

利用二维图表呈现数据

3.对比结构

上图 3 的模型属于对比结构,比较适合文字或图像的对比呈现。

例如,我们对选项 A 和 B 进行对比分析时,既可以用文字描述,也可以按照下图的图形方式呈现。

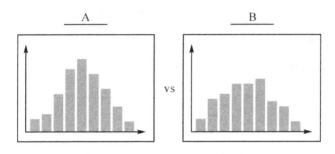

利用对比结构进行数据对比

4. 计划流程

上图 4 是计划流程,适合呈现计划步骤或流程图。

一般情况下,横轴的逻辑设计为步骤,纵轴则按展开的要点设计逻辑递进。如下图:

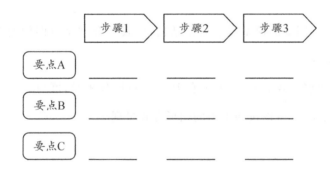

利用计划流程呈现步骤

5.日程表

上图 5 是典型的日程表结构，一般用于项目的进度汇报呈现。

如下图，横轴的逻辑是项目分解出来的工作包条目、工作包负责人和日程（进度）表，纵轴的逻辑则按工作包实施的先后顺序展开。

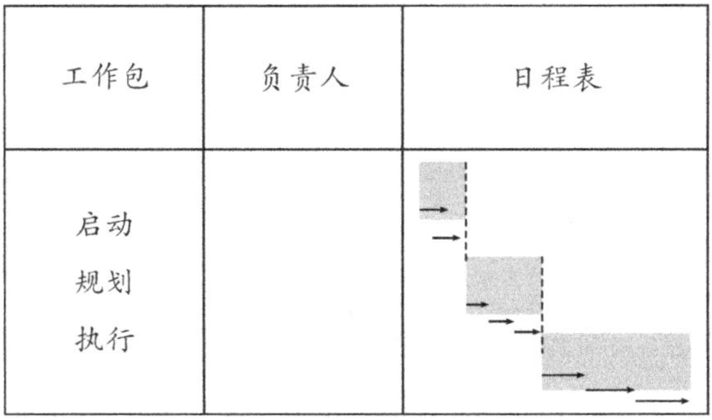

工作包	负责人	日程表
启动 规划 执行		

利用日程表呈现项目进度

6.饼图/同心圆

上图 6 是饼图，或是同心圆结构，前文第四章中已介绍过。饼图适合呈现每个选项占总量的比例。

饼图既可以用于多项产品之间的比较,又可以用于衡量单项产品的细化指标。多项产品的情况如下图左,我们把横轴逻辑设为产品,那么就可以比较产品 A 和 B 在各自细分市场的市场占有率,或者比较两者对公司销售额或利润的贡献比例。单项产品的情况如下图右,我们把横轴逻辑设为时间,就可以比较产品 A 在不同时间段的市场占有率或利润贡献率的情况。

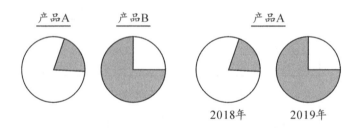

利用饼图比较产品的市场占有率

如果希望呈现思考周密完整的效果,可以采用同心圆模型,通过 360 度合拢的结构,在视觉上给受众一种逻辑结构是完整的心理暗示。

在视觉呈现时注重好的结构设计,可以吸引读者眼球,提升读者的兴趣。结构化的呈现还可以让受众的注意力第一时间集中在你希望强调的信息或数据上,并沿着结构设计的逻辑递进和展开,极大地提高效率。

职场案例：精彩呈现之应对业务下滑

山姆负责的公司新产品 T 的导入项目,因为前期组建了有经验的项目团队,所以项目进展顺利并且成功收尾。山姆也因此得到了部门领导静姐的青睐和其他部门的认可。

最近公司旗下的连锁餐饮店存在销售额下降的问题。销售额下降的原因除了所在区域的市场萎缩外,是主要的顾客群体年轻女性被竞争对手 S 餐饮拉走了。

山姆被要求研究年轻女性顾客群减少的应对措施,并在部门总监例会上汇报应对措施的提案。

"山姆,这次应对措施的提案就拜托你了。这次提案汇报的与会者级别比较高,请构思一下该如何汇报以求最佳的效果。"部门领导静姐嘱咐道。

假设你是山姆,将如何向各位总监汇报从下面资料中得出的研究方案呢?

收集到的资料如下:

1.本公司的主要顾客层年轻女性被抢走,是因为消费者对本餐饮公司的菜单认知度低。

2.年轻女性上网的比例较高。

3.在网络广告中，满足"价格低""从刊登广告到出效果时间短"等条件的，就是网站检索联动广告。

4.消费者对本公司菜单的满意度不逊于竞争对手 S 餐饮。

5.若想吸引指定对象，与大众媒体相比，网络广告的效果更高。

6.在正式刊登网络广告前，首先要做一下测试，看看效果如何。

7.为了提高年轻女性的认知度并留住她们，网络广告是很有效的。

8.本公司菜单的认知度比竞争对手 S 餐饮低，所以不能吸引年轻女性顾客。

9.在正式刊登网络广告前，首先必须做一下测试。

10.通过网络媒体，可构筑从认知到来店、购买、再次消费等一连串留住顾客的体系。

11.竞争对手 S 餐饮正在通过品类丰富的菜单吸引年轻女性顾客。

12.在进行测试时，应该选择"价格低"，并且"从刊登广告到产生效果的时间短"的。

此次提案的情境，实质上与之前山姆对于新产品合作伙伴的分析汇报异曲同工，都是有大量的信息需要整理和汇报。

面对这种情况,建议采取自下而上的主体构建方法,通过归类分组和向上概括来构建金字塔的主体结构。在搭建好主体结构后,再根据金字塔原理的论证性、MECE原则和逻辑递进来调整横向逻辑,进行优化。

首先,我们可以将收集到的 12 条资料要点,通过分组归纳,整理成金字塔结构。大家可以尝试将序号填入下图的金字塔结构中。

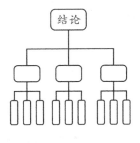

金字塔结构

【训练一:结构设计】

具体的步骤是:先把"菜单"相关的资料(①④⑧⑪)归在一类(如下图左侧部分),把与"网络广告与年轻女性的相关性分析"有关的资料(②⑤⑦⑩)归在一类(如下图中间部分),最后把"测试广告效果"的相关资料(③⑥⑨⑫)归在一类(如下图右侧部分)。

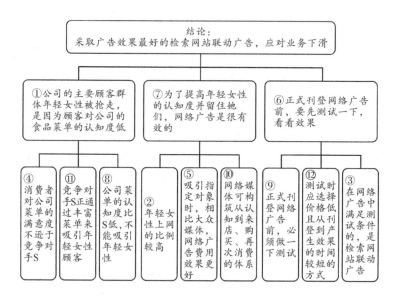

山姆设计的主体结构

接着设计金字塔结构一级思想的横向逻辑,从原因分析到解决方法再到方案优化,这属于演绎逻辑。

之后再来设计二级思想的横向逻辑。

根据以上统下的原则,原因分析要点①的二级思想的横向逻辑是 3C,即 customer(客户)④/competitor(竞争对手)⑪/company(公司)⑧。我们可以简单表示为④⑪⑧→①。此处的横向逻辑,也可以设计为按照从外部市场(竞品和客户)信息分析到公司内部实际情况的顺序,来排列各项材料,可以简单地表示为⑪④⑧→①。

解决方法要点⑦的二级思想的横向逻辑是 FAB,即 feature(特点特征)②/advantage(优势)⑤/benefit(好处)⑦,可以简单表示为②⑤⑩→⑦。

方案优化要点⑥的二级思想的横向逻辑是大前提→小前提→结论,可以简单表示为⑨⑫③→⑥,属于演绎逻辑。

此时,山姆已经完成了一半的任务,设计出了金字塔结构。接下来,就要在如何沟通汇报上下功夫。

【训练二:PPT 制作】

在管理例会的汇报中,最常用的呈现工具就是 PPT。山姆发现有些内容可以从其他同事那里获取或简单修改一下即可使用在自己的提案中。但是②⑤⑩相关的 PPT 还没有,需要自己收集信息并制作。

山姆收集到的关于②(不同年代、性别的网络使用者比例)的信息如下:

- 20~39 岁男性:75%
- 40 岁以上男性:46%
- 20~39 岁女性:71%
- 40 岁以上女性:33%

山姆收集到的关于⑤(网络媒体和大众媒体)的信息

如下：

- 广告媒体大致可分为网络媒体和大众媒体两种。网络媒体有目标邮件、检索结果广告及旗帜广告等，大众媒体有电视广告、报纸广告及地铁广告等

- 网络媒体有"能够精确锁定目标属性""如果锁定了目标，减少受众人数，就能相应削减费用"等特点

- 大众媒体有"很难锁定目标属性""需要一定的费用"等特点

山姆收集到的关于⑩（留住顾客体系）的信息如下：

- 使消费者变成回头客的过程：顾客认知→来店购买→再次消费

- 各个过程的广告设计的概念

【顾客认知】

对象：在网络上检索餐食的人

方案：实行与检索结果连接的广告

【来店购买】

对象：访问公司餐饮网站的顾客

方案：通过会员登录，下载优惠券

【再次消费】

对象：曾经消费过的顾客

方案:发送调查网址,通过回答问卷,下载更多优惠券

· 可期待效果

【顾客认知】

引导到刊登本公司餐饮菜单的网站

【来店购买】

获取邮箱地址、PC 地址或手机号码/来店消费

【再次消费】

回答问卷调查/再次来店

如果你是山姆,会如何设计和制作这三张 PPT 呢?

大家可以参考前文的各种模板,但也不要受限于这些模板。

山姆的设计是分别从三个方面来支撑子论点⑦作为解决方法的"网络广告的有效性",即"与顾客的相容性"、"费用效果比"和"留住顾客的体系"。

在设计"与顾客的相容性"时,考虑到公司的主要顾客群是年轻女性,所以只选取女性的数据进行分析。用下图的柱状图分析女性数据,可以得出年轻女性的上网比例较高,从而论证了论点。不呈现男性的数据,有助于受众更好地得出网络广告与公司的目标顾客年轻女性存在相容性的结论。

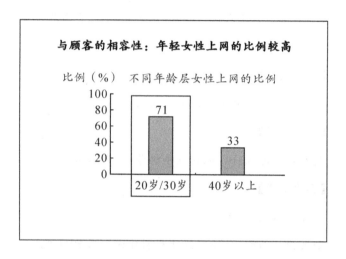

设计"与顾客的相容性"PPT

在设计"**费用效果比**"时，山姆借鉴了二维图表来制作PPT。把网络媒体和大众媒体的费用效果比较的分析内容放在居中位置来呈现，便于受众捕捉到重要的信息，具体设计如下图所示。

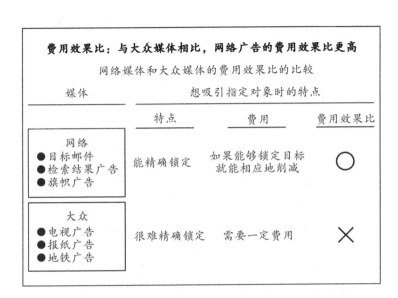

设计"费用效果比"PPT

在设计"留住顾客体系"时,山姆借鉴了计划流程,呈现了从潜在顾客变成再次消费的回头客的三个步骤,以表达网络广告在各个步骤上的效果和优势。

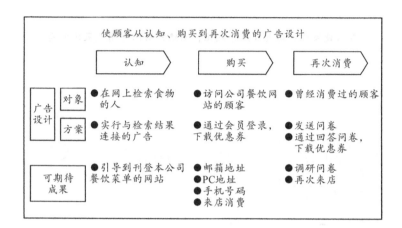

设计"留住顾客体系"PPT

如果你设计和制作的 PPT 和山姆制作的相似，我相信你会像山姆一样充满信心地面对你的沟通对象，去表达自己的想法并影响你的受众。

小　结　掌握八大要点，实现逻辑表达

行文至此，本书的内容已全部分享完毕。我会简要地列出本书的八大要点，帮助各位读者理解、记忆、消化本书的内容和方法论。

要点 1：

基于金字塔原理的优势，金字塔结构具体可应用在四个情境：

1. 会议主持、演讲汇报。

2. 工作指导、工作分配。

3. 书面表达、邮件联络。

4. 问题分析、解决方法。

要点 2：

金字塔结构有四项基本原则：

结论先行、以上统下、归类分组、逻辑递进。

要点 3：

金字塔结构有两种典型关系：

纵向关系：

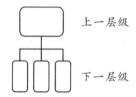

横向关系：

要点 4：

在进行逻辑结构设计时，除了注意纵向关系和横向关系，也必须遵循 MECE 原则（不重叠、无遗漏）。

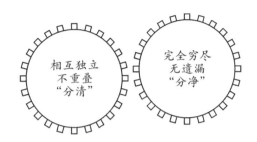

要点 5：

构建一个标准的金字塔结构，一般从标题设计、序言设计和主体构建三大步骤入手，逐步完成。

第一步：标题设计，遵循 4U 原则和 TOPS 原则；

第二步：序言设计，运用 SCQA 结构并注意该结构的灵活变化；

第三步：主体构建，根据材料信息的特点，选用自下而上或自上而下的方式。

要点 6：

本书介绍了九种横向逻辑的设计方法：

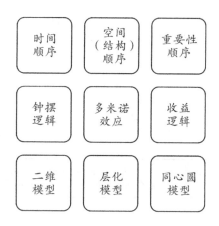

要点 7：

在口头表达方面，要想精彩呈现观点和内容，请做到：

第一步：基于受众特征，设计出迎合他们的故事主线；

第二步：根据表达场景，选择适当的 PREP 或 IREP 方式讲述。

要点 8：

在书面表达方面，要想优化视觉呈现效果，请做到：

第一步：让 PPT 主体的纵轴和横轴具有某些意义，在视觉效果上呈现出结构化的特征；

第二步：具体的 PPT 结构化设计，可以参考以下六种设计模板。

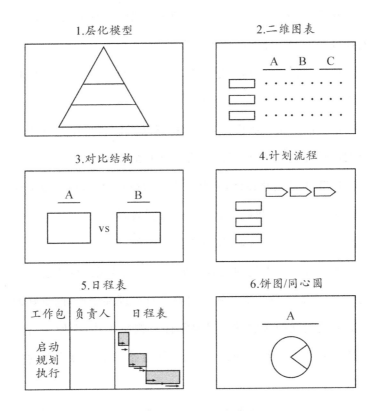

设计逻辑结构的过程，如同做旅行攻略。

自下而上设计时，需要将大量的信息进行归类分组，如把各类景点、酒店、餐饮、交通、购物等信息进行归类整理。

自上而下设计时，需要根据主题或中心思想，确定有足够支撑性的下一级要点，如根据旅行目的地，去安排足够精彩的景点和活动；或者按照旅行的风格和类型，去安排偏休闲、偏购物或是偏深度体验的行程内容。

横向逻辑的设计，如把景点、活动等行程内容有效地串联起来，形成一个完整的旅行路线。

聪明的故事主线设计，如让我们以同伴感兴趣的方式去介绍旅行计划，让同伴对此次旅行更加充满期待。

PPT的结构化设计，需要以更好的视觉效果，精彩地呈现出思想和内容，如我们书面呈现的行程表，可以让同伴们快速地理解整个旅行安排，并留下美好的印象。

无论你所要表达的内容是如何丰富和复杂，在到达受众的接收端的端口前，都必须把内容进行整理和编排，以更好的形式到达受众的接收端。只要掌握了逻辑表达，即使面对的是阵容犹如千军万马的信息内容，你也是一个从容应对的指挥官。

最后祝愿各位读者看完本书后，能够根据各种应用情境设计出精彩的逻辑结构，实现理想的表达效果。希望通过逻辑表达，可以展现各位智慧的光芒，助力各位的职业发展，帮助大家在职业生涯中有所进步、有所超越、有所成就。

后　记　创作背后的故事

书写到这里，笔者的心中已经充满了感恩之情。

此时此刻，想与大家分享本书和相关培训课程的由来，以及本书背后的故事。

在 2014 年年初，汽车行业某整车企业的 HR 经理邀请我开发"金字塔原理"这门课程。她觉得美国作者芭芭拉·明托所著的《金字塔原理》一书，对于职场表达是非常实用的方法论。然而市场上的一些《金字塔原理》译本或相关书籍都写得冗长且晦涩难懂，把一些简单的方法讲述得复杂化了，而且离工作场景比较遥远，反而没有体现出金字塔原理的特点——重点突出、逻辑清晰、简单易懂。这位 HR 希望我能开发一门关于金字塔原理的课程，并约了我多期的课程。出于对客户的尊重以及感恩，我于 2014 年 1 月开发了"金字塔原理——逻辑思维与有效表达"这门课程。从此以后，这门课程也成为我思维训练系列课程中最受欢迎的课程之一。

这几年，在进行业务沟通交流时，我也调研了大家对于逻辑表达的需求，结果得到了很多人力资源经理的积极反馈，从而使我写本书的意愿愈发强烈。于是，我便以方法论与职场应用情境紧密结合的方式来重写金字塔原理，并在书中增加了一些实战化的职场案例。

在完成本书的创作之后，心中想要感谢的人有很多。

首先要感谢的是信任和认可我的各个企业的人力资源经理，你们不但启发和鼓励我开发了这门课程，而且让我在无数的授课过程中完善和优化这门课程，进而出版了本书。

其次要感谢吴晓波老师旗下的蓝狮子图书的伙伴们。感谢主编陶英琪老师，除了与我多次电话讨论书稿之外，陶老师和她的团队还曾两次到上海与我面谈邀约书稿，为书稿和音频产品的筹备做了许多幕后工作。感谢职场类图书主管薛露老师以及编辑余燕龙对本书的支持和帮助。感谢策划编辑孙宾、责任编辑郭时超，在本书的内容修改和结构调整上给了很多建议。还要感谢数字产品部门的编辑雷婧和张月圆，策划了与本书关联的音频产品。

最后也是最重要的，我要感谢我的家人。给大家透露几个秘密，书中的角色设计都有我家人的原型，让我为大家一一道来。

职场案例中的主角山姆，其实是以我的大儿子张兆翔为原型的，Sam 也是他的英文名。我希望用书中山姆不断成长和成功的故事来激励我的长子，希望他可以热爱学习，和书中的山姆一样，每天都在不断地成长和进步。

职场案例中的芭芭拉奶奶，其原型是金字塔原理的创始人芭芭拉·明托，设置这一角色也是为了致敬这位大师。此外，山姆奶奶的角色也是为了致敬我的父母——父亲张红根先生和母亲王之芳女士。在过去的 40 多年里，我的父母不但无微不至地关怀和帮助我成长，而且在我孩子的成长过程中，他们也尽其所能给予了我最大的支持和帮助，对此我十分感激。

至于职场案例中的智能机器人脑门，脑门其实是我英文名 Norman 的音译。在书中，脑门一次次启发和帮助山姆，这是我希望我的儿子山姆能明白，作为父亲的我可能有时比较严厉，但都是基于爱，我一直希望自己能成为他的榜样。

随后出场的七仔前辈，我对她的描写是"七仔姓戚，是一位气质和颜值俱佳的大美女，进公司十多年了，为人热情随和，人缘非常好，大家都亲切地称呼她'七仔'"。这其实是对我太太戚静娴女士的客观描写。之后出场的部门领导静姐，也是我太太戚静娴女士的剪影。为太太在书中安排两个角色，充分体现了太太在我心中的重要性。感谢太太为我营造了这么温馨的家庭和甜蜜的生活。

此外，在"人际沟通之讨论孩子教育"中出现了"七仔前辈36 岁，对 5 岁的儿子寄予很高的期望"这样的描述，这位 5 岁儿子的原型其实是我的小儿子张兆林。在我写这个案例时，他只有 5 个月大，因此七仔前辈的儿子"运动好，擅长跑步""正在学钢琴"等特征描写，实际上是参照了我大儿子张兆翔的特点。

这本书之所以写成，也得益于我小儿子张兆林的出生。虽然我早在 2014 年就有写本书的想法，但在每年授课量 200多天的工作强度下，实在无法抽出足够的时间，静下心来，伏在案头一章一章地写书稿。在陪伴爱人等待新生命降临的期间，恰好给了我静心伏案写书的契机。蓝狮子的陶英琪老师说我写本书好似十月怀胎，我觉得这个比喻很有味道。

抒情至此，最后要感谢读到这里的各位读者。

我从小学开始就投身在各种数理化竞赛中，又经历了复旦附中和复旦大学理科基地班的教诲和熏陶，这使得理工科背景的我从踏入职场开始，就养成了注重事物逻辑的习惯。

自己的职业发展比较顺利，从应用开发中心工程师到项目经理，再到业务团队负责人以及之后的亚洲培训经理，自己的成长正是得益于逻辑能力。

所以我把自己的一些成功经验分享在本书中，真心希望本书的一些方法和工具，可以助力各位读者的工作业绩和职业发展。愿每一位读者都可以实践逻辑表达，成就自己的事业，拥有幸福的人生。

张　巍

2019 年 5 月，于上海

图书在版编目（CIP）数据

逻辑表达：高效沟通的金字塔思维 / 张巍著. —
杭州：浙江大学出版社，2020.1(2025.6 重印)
　ISBN 978-7-308-19679-6

　Ⅰ.①逻… Ⅱ.①张… Ⅲ.①人际关系学 Ⅳ.
①C912.11

　中国版本图书馆 CIP 数据核字(2019)第 246526 号

逻辑表达：高效沟通的金字塔思维

张　巍　著

责任编辑	曲　静	
责任校对	夏斯斯　杨利军	
出版发行	浙江大学出版社	
	（杭州市天目山路 148 号　邮政编码 310007）	
	（网址：http://www.zjupress.com）	
排　　版	杭州青翊图文设计有限公司	
印　　刷	浙江新华数码印务有限公司	
开　　本	880mm×1230mm　1/32	
印　　张	6.375	
字　　数	117 千	
版 印 次	2020 年 1 月第 1 版　2025 年 6 月第 6 次印刷	
书　　号	ISBN 978-7-308-19679-6	
定　　价	52.00 元	